R. von Krafft-Ebing

# Grundzüge der Kriminalpsychologie

auf Grundlage der deutschen und österreichischen Strafgesetzgebung für Juristen

R. von Krafft-Ebing

**Grundzüge der Kriminalpsychologie**
*auf Grundlage der deutschen und österreichischen Strafgesetzgebung für Juristen*

ISBN/EAN: 9783742898142

Hergestellt in Europa, USA, Kanada, Australien, Japan

Cover: Foto ©Suzi / pixelio.de

Manufactured and distributed by brebook publishing software (www.brebook.com)

R. von Krafft-Ebing

**Grundzüge der Kriminalpsychologie**

# GRUNDZÜGE

## DER

# CRIMINALPSYCHOLOGIE

AUF

## GRUNDLAGE DER DEUTSCHEN UND ÖSTERREICHISCHEN STRAFGESETZGEBUNG

## FÜR JURISTEN.

VON

## Dr. R. von KRAFFT-EBING,

K. K. o. ö. Professor der Psychiatrie an der Universität Graz, Mitglied des deutschen Vereins der Irrenärzte, der Société médico-psychologique und der Société de médecine légale in Paris, der Société de médecine in Gent, der Société de méd. mentale de Belgique, der Società freniatrica italiana, der médico-psychological association in London etc.

**Zweite gänzlich umgearbeitete Auflage.**

STUTTGART.
VERLAG VON FERDINAND ENKE.
1882.

Druck von Gebrüder Kröner in Stuttgart.

Herrn

# Dr. Franz von Holtzendorff,

o. ö. Professor der Rechte an der Universität zu München,

zum Abschluss des 25. Jahres segensreicher Wirksamkeit als
akademischer Lehrer

in hochachtungsvoller Freundschaft

der Verfasser.

# Vorwort zur ersten Auflage.

Die nachfolgenden Blätter sind die Frucht langjähriger Erfahrungen und Studien auf dem Gebiet der Criminalpsychologie und aus dem Wunsch entstanden, Richtern und ärztlichen Sachverständigen eine möglichst klare und kurz gefasste Darstellung dieser Disciplin für ihre praktische Thätigkeit zu bieten.

Aus diesem Grund konnte nur auf sicher Erworbenes, praktisch Wichtiges Bedacht genommen und darauf verzichtet werden, in theoretische Betrachtungen, weitschweifige Citate und Literaturangaben einzugehen.

Auch eine casuistische Illustration der einzelnen Abschnitte schien entbehrlich. Eine reiche Ausbeute von Fällen bieten die Werke von Casper, Liman, Friedreich's Blätter, Henke's Zeitschrift, die Vierteljahrsschrift für gerichtl. Medicin, die deutsche Zeitschrift für Staatsarzneikunde, die Annales médico-psychologiques u. A.

Bezüglich eingehender Literaturangaben verweise ich auf meine früheren gerichtsärztlichen Arbeiten.

Eine neue Bearbeitung des Gebietes der Criminalpsychologie schien mir durch die Aenderungen der Gesetzgebung, wie sie mit Einführung des deutschen Strafgesetz-

buches erfolgten, aber auch durch die Fortschritte der
Wissenschaft und die ungenügende Verbreitung derselben
geboten. Gewisse Monstreprocesse in jüngster Zeit haben wenigstens gezeigt, wie unklar noch manche Anschauungen, wie
zäh gewisse Vorurtheile auf criminalpsychologischem Gebiet sich erweisen, wie weit die gerichtliche Psychologie
in ihrer praktischen Verwerthung noch davon entfernt ist,
eine „Psychopathologie" zu sein, wie wenig gewisse Er-
rungenschaften der Anthropologie, Neuropathologie, empi-
rischen Psychologie gewürdigt werden.

Hoffentlich tragen diese Blätter dazu bei, Fortschritt
und Interesse in einem social und wissenschaftlich höchst
bedeutsamen Gebiet anzuregen. Ich übergebe sie der
Oeffentlichkeit mit dem Wunsche, dass wenigstens der
gute Wille des Verfassers aus ihnen erkannt und ihnen
eine ebenso eingehende als belehrende Kritik zu Theil
werden möge. Es ist mir Bedürfniss, an dieser Stelle
meinen Dank für die Annahme der Widmung meiner Arbeit einem Manne auszusprechen, der als eifriger Vor-
kämpfer für Fortschritt und Humanität auf dem Gebiet
der Strafrechtspflege, Criminalpsychologie und Gefängniss-
kunde sich verdient gemacht hat, und dem auch ich manche
Anregung und Belehrung durch Wort und Schrift verdanke.

Strassburg, im Juni 1872.

# Vorwort zur zweiten Auflage.

Die vorliegende gänzlich umgearbeitete zweite Auflage hat ausschliesslich das praktische Bedürfniss des Rechtsgelehrten im Auge. Den Standpunkt des Gerichtsarztes mitzuberücksichtigen, wie dies bei Abfassung der ersten Auflage der Criminalpsychologie 1872 geschah, erschien dem Verfasser mit Rücksicht auf sein 1875 geschriebenes und 1881 umgearbeitetes Lehrbuch der gerichtlichen Psychopathologie überflüssig.

Das Buch in seiner gegenwärtigen Gestalt soll den richterlichen Personen als Leitfaden in den so häufigen und schwierigen Fragen zweifelhafter Geistesgesundheit im Criminalforum dienen.

In einer Einleitung wurde versucht, die Mangelhaftigkeit des processualischen Verfahrens gegenüber möglicherweise geisteskranken Angeschuldigten und Angeklagten zu kennzeichnen, die Nothwendigkeit psychiatrischer Kenntnisse für den Juristen nachzuweisen und den zweifelhaften Werth der sog. Kriterien des gesunden Menschenverstandes behufs Erkennung geistiger Krankheit in foro darzuthun.

Das eigentliche Thema zerfällt in zwei Abschnitte. Der allgemeine oder formelle begleitet den fraglichen

Geisteskranken durch die verschiedenen Stadien des deutschen und österreichischen Strafprocessverfahrens und bemüht sich klarzulegen, worauf es zur Vermeidung unge-
rechter Urtheilssprechung gegenüber wirklichen Geisteskranken ankommt. Der Verfasser hofft auf eine vorurtheilsfreie Prüfung der von ihm zur Verbesserung des
formellen Verfahrens gemachten Vorschläge und auf eine
nachsichtige Beurtheilung da, wo er als Laie juristisches
Gebiet berühren musste.

Der specielle oder klinische Theil bezweckt eine bün-
dige und möglichst populäre Darstellung der geistigen
Krankheitszustände, soweit ihre Kenntniss für den Rechtsgelehrten wünschenswerth oder nothwendig erscheint. Bezüglich Literaturangaben und Casuistik mag der Hinweis
auf des Verfassers Lehrbuch der gerichtl. Psychopathologie
genügen.

Graz, December 1881.

# Inhalt.

Seite

Einleitung . . . . . . . . . . . . . . . . . . 1
Grundbedingungen der Zurechnungsfähigkeit (1). Häufigkeit unfreier Geisteszustände in foro (2) und ihrer Verkennung (2). Fehlerhaftigkeit früherer Gesetzgebung
und Untersuchungsweise bei geistig unfreien Zuständen (4).
Gründe der noch heutzutage vielfach unrichtigen forensischen Beurtheilung Geistesgestörter (5). Schwierigkeit
der ärztlichen Expertise (5). Vorurtheile und Unkenntniss
der Juristen auf psychiatrischem Gebiet (6). Fehlerhaftigkeit des gerichtlichen Verfahrens bei fraglicher Geisteskrankheit (6). Nothwendigkeit psychiatrischer Kenntnisse für den Juristen (8). Falsche Anschauungen über
die Erscheinungsweisen des Irreseins (9). Die Kriterien
des „gesunden Menschenverstands" zur Erkennung geistiger Krankheit unzureichend (10). Werth des Motivs
der strafbaren Handlung (11). Isolirtheit der That im
Leben des Thäters. Leumundsfrage (14). Prämeditation,
List etc. vermeintlich mit geistiger Krankheit unverein-
bar (16). Kriterium des Strafbarkeitsbewusstseins (17),
der Reue (18). Verständige Rede schliesst geistige Krankheit nicht aus (19).

A. Allgemeiner oder formeller Theil . . . . . . . . . . 23
Der fragliche Geisteskranke in den verschiedenen Stadien
des Strafverfahrens.
I. Vor dem Untersuchungsrichter . . . . . . . 23
Wichtigkeit der Beachtung des Geisteszustands beim In-
culpaten (23). Mangelhafte Berücksichtigung desselben

in praxi (24). Allgemeine Verdachtgründe für geistige
Störung (24). Wichtigkeit eines psychischen Status praesens nach der Gefangensetzung (26). Angeblich mangelnde Erinnerung für die That (28). Möglichkeit mo-
mentaner Aufhellung des Bewusstseins bei Bewusstlosigkeit (28). Simulation geistiger Krankheit (29). Inzichten für Simulation (30). Nothwendigkeit der Erforschung
des Geisteszustands vor der That (31). Inzichten für eine
Geisteskrankheit schon vor der That (31). Nothwendigkeit einer Ermittlung der früheren Lebens- und Gesundheitsverhältnisse (32). Fragebogen zu diesem Zweck (33).
Erblichkeitsfrage (34). Gefahr voreiliger Schlüsse hiebei (35). Bedeutung gewisser Alters- und Lebensperioden (35). Alter der strafrechtlichen Unreife (36). Unterscheidungsvermögen (36). Dasselbe involvirt nicht die
Selbstbestimmungsfähigkeit (39). Alter der Pubertätsentwicklung (39). Häufigkeit geistiger Störung im Pu-
bertätsalter (40). Brandstiftungstrieb (41). Menstruation
(41). Schwangerschaft und Gelüste in solcher (42). Gebärakt und Kindsmord (43). Wochenbett (45). Zeit
der geschlechtlichen Involution beim Weib (45). Greisenalter und Sittlichkeitsvergehen in diesem Alter (46).
Verbrechen, bei welchen unter allen Umständen eine gerichtsärztliche Untersuchung wünschenswerth wäre (47).
Richtige Wahl der Sachverständigen (48). Qualifikation
eines Sachverständigen (48). Competenz der ärztlichen
Wissenschaft in psychiatrischen Fragen (50). Stellung
und Aufgabe der ärztlichen Sachverständigen (50). Berufung der Sachverständigen (51). Nothwendigkeit genügender Beobachtungszeit (52). Passender Beobach-
tungsort (52). Geeignete richterliche Fragestellung (53).
Gutachten (55). Richterliches Prüfungsrecht des Gutachtens (56). Einstellung des Verfahrens wegen geistiger
Krankheit (56). Neuerliche Erhebung von Gutachten (57).

II. Der fragliche Geisteskranke vor dem erkennenden Richter . . . . . . . . . . . . . .   58
Etwaige Ergänzung der Voruntersuchung (58). Verhandlungsfähigkeit (59). Vorbereitungen zur Hauptverhandlung (59). Zulassung von Zeugen und Sachverständigen
(60). Werth des Geständnisses und der Zeugenaussagen (61).
Defensionalsachverständige (63). Hauptverhandlung (64).
Kreuzverhör (65). Einwände gegen die Zurechnungs-

fähigkeit erst in der Hauptverhandlung (66). Schlussvortrag des Gerichtspräsidenten (68). Gesichtspunkte für die Beurtheilung der Zurechnungsfähigkeit (69). Mildernde Umstände (71).

III. Der Geisteskranke nach dem Urtheil . . . . . 72
Wiederaufnahme des Verfahrens wegen geistiger Krankheit (72). Geisteskrankheit Hinderniss der Vollstreckung der Todesstrafe (73), der Freiheitsstrafe (73). Unterbringung geisteskrank gewordener Sträflinge (75).

B. Specieller oder klinischer Theil.

Zustände krankhafter Störung der Geistesthätigkeit 78
Begründung einer Störung der Geistesthätigkeit als einer krankhaften . . . . . . . . . . . . . 78
Inwiefern durch krankhafte Störung der Geistesthätigkeit die freie Willensbestimmung aufgehoben wird 85

I. Die psychischen Entwicklungshemmungen . . . 86
Blödsinn (89). Schwachsinn (91). Taubstummheit (95).

II. Die psychischen Entartungen . . . . . . . . 97
Klinische Uebersicht (97). Bedeutung der Entartungszustände für die Strafrechtspflege (100). Erkennungszeichen dieser Zustände (101).
1. Moralisches (107), 2. impulsives Irresein (116) als bemerkenswerthe Erscheinungsweisen psychischer Entartung.

III. Die Geisteskrankheiten . . . . . . . . . . 118
Formen der Geisteskrankheit (118). Die Zurechnungsfähigkeit bei Geisteskranken aufgehoben (119).
1. Die Melancholie . . . . . . . . . . . . . 120
Erscheinungsbild (121). Gewaltthaten aus schmerzlichem Fühlen (123), aus Zwangsvorstellungen (124), aus Angstanfällen (125), aus Sinnestäuschungen und Delirien (126). Indirekter Selbstmord (127). Mörder der eigenen Kinder aus Liebe (127). Unterscheidung von Affekt und Melancholie (128). Art der Ausführung von Gewaltthaten bei Melancholischen (129).
2. Die Manie (Tobsucht) . . . . . . . . . . . 130
Maniakalische Exaltation (130), periodische Form (133). Lucida intervalla (134).
3. Wahnsinn (Verrücktheit) . . . . . . . . . . 134
Allgemeine Bemerkungen (135). Schwierigkeit der Erkennung gewisser Wahnsinnszustände (136).

a) Verfolgungswahnsinn (137). Gemeingefährlichkeit
solcher Kranken (138). Querulantenwahnsinn (140).
b) Religiöser Wahnsinn (143).

4. Erworbene geistige Schwächezustände . . . . . . . 144
als Terminalzustände nach Melancholie, Manie und Wahnsinn (145). Geistesschwäche nach blutigem Schlagfluss
(146), nach Kopfverletzung (147). Dementia paralytica (148).

5. Irresein durch Ausschweifungen im Trunk (Alkoholismus
chronicus) . . . . . . . . . . . . . . . . . . 151

6. Irresein der Epileptiker . . . . . . . . . . . . 154
Bedeutung der Epilepsie für das Forum (154). Dauernde
geistige Störungen bei Epileptischen (155). Transitorisches
Irresein (156).

7. Irresein der Hysterischen . . . . . . . . . . . . 160
Elementare geistige Störungen (160). Transitorisches
Irresein (162). Ausgänge der Hysterie in chronisches
Irresein (162).

Zustände krankhafter Bewusstlosigkeit . . . . . . 164
Begriff der Bewusstlosigkeit im Sinn des Strafgesetzes
(165). Anscheinend überlegtes Handeln in solchen Zuständen möglich (165). Bedeutung der Erinnerung für
die forensische Beurtheilung (166).

1. Traumzustände . . . . . . . . . . . . . . . . . 167
a) Schlaftrunkenheit . . . . . . . . . . . . . 167
b) Schlafwandeln . . . . . . . . . . . . . . . 169
2. Fieber- und Erschöpfungsdelirium . . . . . . . . 172
3. Mania transitoria . . . . . . . . . . . . . . . 173
4. Raptus melancholicus . . . . . . . . . . . . . . 176
5. Intoxikationszustände . . . . . . . . . . . . . . 177
a) Rausch und pathologische Alkoholzustände . . . 177
b) Vergiftungszustände: Narcotismus . . . . . . 183
6. Die Affektzustände . . . . . . . . . . . . . . . 184
Der physiologische Affekt (184). Der pathologische Affekt (186).

# Einleitung.

Die erhabene Aufgabe des Strafrichters, als Hüter des vom Gesetzgeber zum Schutze der sittlichen und vitalen Interessen der Gesellschaft aufgestellten Gesetzes, Verletzungen desselben zu verfolgen und zu ahnden, wird dadurch eine besonders schwierige und verantwortliche, dass häufig genug zwar der objektive Thatbestand einer strafbaren Handlung besteht, jedoch der subjektive Thatbestand einer solchen bezüglich der Zurechnungsfähigkeit des Thäters in Frage gestellt ist.

Die Forderung des Gesetzgebers an den Einzelnen, dass er seine egoistischen und vielfach unsittlichen Bestrebungen den socialen sittlichen Interessen der Gesammtheit unterordne, ist nur für Den erfüllbar, der vermöge einer günstigen Naturanlage und auf Grund einer genossenen Erziehung die Fähigkeit einer Selbstbestimmung erlangt hat. Als die Grundbedingungen dieser ergeben sich ein intellektiv-ethisches Moment — die Erkenntniss der Nützlichkeit und Nothwendigkeit einer gesetzlichen und staatlichen Ordnung der gesellschaftlichen Verhältnisse, die Kenntniss der Bedeutung der Gesetze für diesen Zweck und der praktischen Folgen ihrer Uebertretung — sowie die Befähigung, sich auf Grund dieser von dem „Unterscheidungsvermögen" gelieferten Motive für die Begehung oder Unterlassung einer strafrechtlich vorgesehenen Handlung (frei) zu bestimmen.

Der Mangel einer dieser beiden Bedingungen begründet einen Aufhebungsgrund der Zurechnung, die Unzurechnungsfähigkeit und Straflosigkeit des Thäters.

Das Gesetz ist nur an freie Menschen gerichtet.

Die rechtlich psychologischen Bedingungen der Zurechnungsfähigkeit sind von der Integrität des Gehirns, als des Organs aller geistigen Leistungen, abhängig.

Häufig genug sind die Leistungen des Gehirns unzureichend für die Erfüllung dieser Bedingungen. Abgesehen davon, dass die intellektuelle Reife und Selbstbestimmungsfähigkeit durch jugendliches Alter, durch Wachsthumshemmungen des Gehirns oder durch mangelnde funktionelle Ausbildung (Erziehung) fehlen kann, ist es möglich, dass auch beim erwachsenen und erzogenen Menschen das Gehirn, gleich jedem anderen Organ, krankhaften Veränderungen anheimfällt, die vorübergehend oder dauernd die Bedingungen der Zurechnungsfähigkeit in Frage stellen.

Diese Möglichkeit wird aber erfahrungsgemäss oft zur Thatsache und ihr wird das Strafgesetzbuch gerecht, indem es in besonderen §§ ausdrücklich erklärt, dass ein Verbrechen oder Vergehen gar nicht vorhanden ist, wenn der Thäter zur Zeit der Begehung in einem Zustand von Bewusstlosigkeit oder krankhafter (Hemmung oder) Störung der Geistesthätigkeit sich befand, durch welchen seine freie Willensbestimmung aufgehoben war.

Aus der Gefahr, einen Unzurechnungsfähigen (ungerecht) Strafe erleiden zu lassen, entspringt die grosse Verantwortlichkeit und Schwierigkeit der Aufgabe des Strafrichters. Jene ist keine eingebildete, sondern eine wirkliche. Man braucht nur dem Gange der Gerichtsverhandlungen zu folgen, Einsicht in die in den Annalen der Wissenschaft niedergelegten Gutachten zu nehmen und in den Strafhäusern Beobachtungen selbst anzustellen oder die Erfahrungen unbefangener Gefängnissärzte zu vergleichen, um zur traurigen Ueberzeugung zu gelangen, dass in allen Culturländern alljährlich noch Unzurechnungsfähige

zu entehrenden Freiheitsstrafen verurtheilt werden [1]), ab
und zu sogar noch Todesurtheile an solchen zur Vollstreckung gelangen!

---

[1]) Zur Rechtfertigung dieser Behauptung mag folgendes aus
der neuesten Literatur entnommene Beispiel dienen, das zugleich
erweist, wie gering die psychologische Ausbildung der richterlichen
Personen, wie incompetent der gesunde Menschenverstand in Fragen
zweifelhafter geistiger Störung ist und wie nachlässig die Prüfung
des Vorlebens Angeklagter häufig stattfindet.

Am 13. Juni 1881 stand die 37 Jahre alte Dienstmagd Kruger
vor dem Schwurgericht in Wien unter der Anklage des Mordver-
suchs durch Weglegung des 14monatlichen Kinds ihres Dienstherrn.
nachdem sie jenem ein Würgetuch um den Hals geschlungen und
einen Knebel in den Mund gesteckt hatte. Die Umstände des Falls
waren eigenthümlich genug und mussten den Verdacht auf geistige
Schwäche erwecken. Als Motiv der That hatte die K. Abneigung
gegen Kinder angegeben. weil sie als Kind selbst schlecht behandelt
worden sei! Die K. hatte dem Kind Würgetuch und Knebel so ap-
plicirt, dass der Tod nicht eintrat, obwohl sie die Absicht zu tödten
hatte. Sie verliess das Kind unter einem Hausthor, wo es bald gefunden werden musste und auch gefunden wurde. Dann irrte sie
herum, ging nach 1½ Stunden zur Polizei, meldete sich als unter-
standslos, erklärte, sie habe ein Kind weggelegt, bezeichnete jedoch
den Thatort falsch. Sie war bereits 3mal wegen gefährlicher Drohung
und Excess, 1mal wegen Kindsweglegung verurtheilt worden. Erst
im Termin hatte der Vertheidiger, lediglich gestützt auf die Ab-
wesenheit eines plausiblen Motivs der That, die Unzurechnungsfähigkeit seiner Clientin behauptet und war darüber in scharfe Aus-
einandersetzungen mit Staatsanwalt und Gerichtspräsident gerathen.
Leider hatte sich Niemand die Mühe genommen, das Vorleben der
Angeklagten zu erforschen. Die K. wurde zu 8 Jahren Kerker verurtheilt. Kurz darauf brachte die Tagespresse die Notiz, die verurtheilte K. sei schon 1879 wegen versuchter Gewalttthätigkeit in
Untersuchung gestanden, auf Grund gerichtsärztlichen Gutachtens
jedoch als blödsinnig in die Landesirrenanstalt gekommen, im Ok-
tober 1880 in ein Versorgungshaus versetzt worden, wo sie im De-
zember einen Selbstmordversuch machte. Im März 1881 hatte man
sie einer Wäscherin gegen Revers übergeben. Sechs Wochen später
beging sie die That. Diese Angaben der Tagespresse bestätigten
sich. Auch wurde ermittelt, dass schon nach der ersten Kindes-
weglegung im Strafhause die K. sich oft aufgeregt und excessiv, wie

Diese für den Richter wie für die Gesellschaft gleich schmerzliche Thatsache wird nur dadurch erträglicher, dass solche bedauerliche Fälle von Justizmord von Jahr zu Jahr seltener werden, insofern eine fortschreitende gerichtlich-psychologische Wissenschaft und eine ihre Resultate nicht mehr vornehm ignorirende Gesetzgebung und Praxis in der Klarstellung zweifelhafter Geisteszustände mit Bezug auf Fragen der Zurechnungsfähigkeit sich die Hände reichen.

Fehlerhaf-
tigkeit
früherer Ge-
setzgebung
und Unter-
suchungs-
weise bei
geistig un-
freien Zu-
ständen.
In noch nicht ferne hinter uns liegenden Zeiten war die Lage des Geisteskranken vor Gericht eine wahrhaft bedauernswerthe. Eine unreife, in ihren Resultaten vielfach fehlerhafte, in ihrer praktischen Anwendung unsichere gerichtlich-psychologische Wissenschaft stand einer auf verkehrte und metaphysische Kriterien in der Freiheits- und Zurechnungsfähigkeitslehre sich stützenden Gesetzgebung zur Seite.

Statt einer medicinisch-psychologischen Bezeichnung der Aufhebungsgründe der Zurechnungsfähigkeit wurden vom Gesetzgeber metaphysische Begriffe (Vernunftgebrauch) namhaft gemacht oder einzelne Zustände geistiger Krankheit (Wahnsinn, Blödsinn, Raserei) als einzig legale und die Zurechnungsfähigkeit aufhebende Formen des Irreseins aufgestellt. Dem entsprechend liess die Rechtsanschauung und Rechtsübung nur dann die Zurechnungsfähigkeit als

eine Geisteskranke benommen hatte. Darauf hin beschloss der Gerichtshof die Wiederaufnahme des Processes gegen die verurtheilte, früher wegen unheilbaren Blödsinns der Irrenanstalt übergeben gewesene K. — Dieser Fall zeigt evident, wie wichtig die Ermittlung der Vita anteacta bei Angeschuldigten bezüglich der Frage ihrer Zurechnungsfähigkeit sein kann und wie wenig Laien geeignet sind, selbst ausgesprochene und die Zurechnungsfähigkeit aufhebende Zustände geistiger Schwäche zu erkennen. Ob in diesem sensationellen Gerichtsfall der Vertheidiger von seinem Rechte Gebrauch machte, die Stellung der Zusatzfrage nach der Unzurechnungsfähigkeit im Sinne des § 319 St.P.O. (vgl. f. § 344 Z. 6 u. Mitterbacher, Commentar 1882 S. 527) zu verlangen, ist dem Verf. nicht bekannt geworden. (Witlacil, Wiener med. Wochenschrift 1881. No. 29.)

fehlend gelten, wenn der Thäter an Wahnideen oder Sinnestäuschungen litt, Recht von Unrecht nicht zu unterscheiden
vermochte. Auf diesem bedauerlichen, weil rein die intellektuellen Funktionen des Seelenlebens zum Massstab
geistiger Unfreiheit machenden Standpunkt steht heutzutage
noch die englische Rechtsanschauung und übersieht dabei
gänzlich, dass die wichtigsten Impulse zu einem (unfreien)
Handeln aus dem (krankhaft gestörten) Gefühlsleben stammen.

Wie erwähnt, lässt aber auch in continentalen Culturländern die Sicherheit der Rechtsprechung noch vielfach zu
wünschen übrig und erscheint es in Bezug auf Fragen die
Freiheit, Ehre, Leben des Staatsbürgers so nahe berühren,
dringend erforderlich sich klar zu machen, aus welchen
Gründen ungerechte Verurtheilungen geisteskranker und Gründe der noch heut-
geistesabnormer Menschen noch heute stattfinden. Wenn zutage viel-fach unrich-
dies in Deutschland geschieht, so kann der Fehler nicht tigen Beur-theilung
in der Gesetzgebung liegen — die Ausdrücke der Bewusst- Geistesge-störter.
losigkeit oder krankhaften Störung der Geistesthätigkeit
sind wenigstens medicinisch verständliche und praktisch
durchaus brauchbare. Es kann sich somit nur um eine
richtige Auffassung und Verwerthung dieser Begriffe handeln.

Eine wichtige Fehlerquelle liegt in der Unvollkom- Schwierig-keit der
menheit der gerichtlich psychiatrischen Wissenschaft, noch ärztlichen Expertise.
mehr in der Schwierigkeit der ihr zufallenden diagnostischen
Aufgabe. Diese ist die Ermittlung eines krankhaften Hirn-
zustands, mit vorwiegender Beeinträchtigung der geistigen
Funktionen. Der Weg, auf dem allein diese Aufgabe ge-
löst werden kann, ist ein klinischer, aber die klinischen
Zeichen sind vielfach rein psychologische oder diese wenigstens Ausschlag gebend. Sie sind grossentheils subjektive
und als solche vortäuschbar und verhehlbar, vielfach schwer
zu erfassen, nur zeitweise hervortretend, vieldeutig. Es
gibt keine specifischen Symptome des Irreseins. Nur die
Combination, gegenseitige Beziehung der Symptome, ihre
richtige Interpretation, die Ermittlung ihrer Entstehungsweise, ihrer ursächlichen Begründung, ihres Verlaufs, gibt

sichere Anhaltspunkte für die Beurtheilung eines zweifelhaften Geisteszustands als eines krankhaften. Trotz diesen
in der Sache liegenden Schwierigkeiten ist die ärztliche
Wissenschaft heutzutage in der Regel in der Lage, das
genügende Material zur Beurtheilung dem Richter an die
Hand zu geben. Sie ist dazu befähigt durch theoretische
namhafte Fortschritte, wie auch durch eine sichere Verwerthung empirisch gefundener Krankheitszeichen und
Grundsätze für ihr diagnostisches Vorgehen. Sie steht auf
einem ganz andern Standpunkt als vor Decennien, wo
spekulative Anschauungen, haltlose psychologische Raisonne-
ments und Hypothesen, einseitiges Herausgreifen der That
und ihrer Umstände, lückenhafte Beobachtung der Krankheitszustände, irrthümliche Aufstellung von Krankheitsfor-
men, wie einer Manie sans delire, eines Brandstiftungstriebs
und anderer Monomanien bei der Abgabe von gerichtsärztlichen Gutachten massgebend waren.

Das juristische Publikum ist diesen Fortschritten der
gerichtlich psychologischen Wissenschaft nicht gefolgt, es
beurtheilt sie vielfach noch mit dem Massstab von ehedem,
ist misstrauisch gegen ihre Resultate, und schadet damit
der Sache der Wahrheit und des Rechts, insofern sie gar
nicht oder zu spät sich der Hülfe jener Wissenschaft be-
dient und mit Misstrauen oder Geringschätzung ihre Resultate entgegennimmt. Darin liegen zweifellos wichtige
Ursachen unrichtiger richterlicher Entscheidungen in Fragen
zweifelhafter Zurechnungsfähigkeit. Die gerichtliche Psychopathologie verdient heutzutage in foro gehört und anerkannt
zu werden und nur selten wird sie nicht in der Lage sein
können, Licht über das Dunkel eines zweifelhaften Geisteszustands zu verbreiten.

Ein grosser Theil der Gründe der Unsicherheit der
Rechtsprechung in Fällen zweifelhafter Zurechnungsfähigkeit liegt aber offenbar in äusseren und darum zu ver-
meidenden Hindernissen. Diese Hindernisse liegen wesentlich darin, dass die Berufs- und Volksrichter als Laien

vielfach falsche Vorstellungen von der Erscheinungsweise geistigabnormer Zustände haben, deshalb gar nicht oder zu spät Verdacht bezüglich geistiger Störung schöpfen, über Fragen der ungesunden Vernunft mit ihrem gesunden Menschenverstand urtheilen zu können vermeinen, die etwa zur Beurtheilung zugezogenen Aerzte fehlerhaft befragen, das Material für ihre Beurtheilung ihnen nur lückenhaft liefern, Zeit und Ort der Untersuchung ihnen mangelhaft zur Verfügung stellen, das Gerichtsverfahren einseitig und nicht vorurtheilsfrei durchführen, sich Sachverständiger bedienen, die nur dem Namen nicht aber der Sache nach solche sind. Der Richter geht zudem vorweg von der allerdings bequemen, aber nichts weniger als sicheren Annahme aus, dass der Thäter im Besitz der Bedingungen der Zurechnungsfähigkeit war und findet sich nur dann bemüssigt von dieser Voreingenommenheit abzugehen, falls die aussergewöhnlichen Umstände der That oder Besonderheiten des Benehmens des Thäters ihm Verdacht bezüglich der Geistesintegrität desselben einflössen. Ein derart präoccupirter Richter läuft immer Gefahr in seiner erhabenen Aufgabe statt Recht Unrecht zu sprechen, insofern er Jemand bestraft, der vermöge seiner defekten Organisation oder geistigen Störung frei zu handeln unvermögend war. Andererseits kann es ihm passiren, dass er mit seinem gesunden Menschenverstand durch Eigenthümlichkeiten der That oder des Thäters geistige Krankheit und Unzurechnungsfähigkeit da vermuthet und annimmt, wo keine solche wirklich vorhanden ist. Wird auch damit nicht das Recht des Einzelnen verletzt, so doch das Recht der Gesammtheit. Der Richter gebe sich keiner Selbsttäuschung hin und bedenke seine Verantwortlichkeit, sowie dass er Laie in Fragen der Gehirnpathologie ist! Er kennt die Erscheinungsweisen geistiger Störung nur vom Hörensagen oder aus laienhafter gelegentlicher Beobachtung im Alltagsleben. Er weiss kaum, dass die strafbaren Handlungen geisteskranker Menschen geradeso zur Ausführung gelangen können wie die Geistesgesunder und dass geistige Krankheit äusserlich nicht immer und zu allen Zeiten zu Tage tritt. Als Laie lebt er in einer Sicherheit der Anschauung wie sie nur die Unkenntniss geben kann und vertraut auf seinen gesunden Menschenverstand, der doch in Fragen der Gehirnpathologie, dazu den allersubtilsten, nicht ausreicht. So geschieht es, dass er als Untersuchungsrichter den geistig unfreien Zustand eines Angeschuldigten oft nicht erkennt und würdigt, dass ein solcher vielfach gar nicht erkannt wird und dass eine ungerechte Verurtheilung erfolgt oder dass erst in der Hauptverhandlung Zweifel an der Geistesintegrität des Angeklagten sich erheben. Wenn es auch jetzt noch Zeit ist eine ungerechte Verurtheilung zu verhüten, so ist doch eine wichtige Zeit zur etwaigen Heilung eines Unglücklichen oder wenigstens zur Klarstellung seines Geisteszustands versäumt worden. Es ist mit einem Menschen gerichtlich verhandelt worden, der unfähig war seine Interessen und Rechte wahrzunehmen, der Angeklagte ist in den ungünstigen Verhältnissen eines Gefängnisses möglicherweise unheilbar geworden und damit dauernd unglücklich. Im allerbesten Fall hat das Gericht viel Mühe und Zeit nutzlos aufgewendet.

Nothwendigkeit psychiatrischer Kenntnisse für den Juristen.    All diesen Missständen und den Missverständnissen zwischen Richter und Sachverständigen kann nur abgeholfen werden, wenn der Richter eine Erfahrung von geisteskranken Zuständen erhält, die über die des gewöhnlichen Laien hinausgeht. Dies kann nur durch einen Unterricht in Psychiatrie erreicht werden, während gegenwärtig der Student der Rechtswissenschaft mit einer Commentirung der betr. Zurechnungsparagraphen im Strafrecht und der oberflächlichen Mittheilung einiger Thatsachen der forensischen Psychologie gelegentlich seines encyclopädischen Studiums der gerichtlichen Medicin abgefunden wird. Dieser Unterricht müsste theils ein theoretischer sein, namentlich darauf gerichtet, die laienhaften Anschauungen auf diesem Gebiet zu berichtigen, theils ein Anschauungsunterricht,

insofern Kranke der psychiatrischen Klinik als Typen des
Irreseins dem Studirenden vorgeführt und, mit besonderer
Berücksichtigung ihrer forensischen Beziehungen, die Grund-
züge ihrer geistigen Störung hervorgehoben würden. Solche
Einrichtungen bestehen wenigstens in den akademischen
Studienordnungen Russlands.

Nur auf diese Weise ist es möglich, dass der Wider-
streit der Juristen und Sachverständigen aufhöre, der
Untersuchungsrichter einen geschärften Blick für geistes-
abnorme Zustände erhalte, der Vertheidiger die Interessen
seines Clienten nach jeder Richtung wahrnehme, ohne
leichtsinnig oder gar aus unlauteren Motiven die Zurechnungsfähigkeitsfrage als Auskunftsmittel einer schlechten
Vertheidigung zu benutzen. Aber auch der Staatsanwalt
wird, wenn er mit den Grundthatsachen der Psychiatrie
bekannt ist, den Thäter objektiver beurtheilen, nicht so
schnell mit der beliebten Annahme einer Simulation bereit
sein, die Aussprüche der Sachverständigen besser würdigen
und diese nach ihrem Werth prüfen können, nicht minder
der Gerichtspräsident, der streng objektiv die Verhandlung zu leiten und die Geschworenen als die Richter der
Schuldfrage zu belehren hat. Damit würde auch die oft
nichts weniger als beneidenswerthe Stellung der Sachverständigen eine nützlichere und würdigere werden.

---

# Die Kriterien des gesunden Menschenverstands in ihrer Verwerthung zur Beurtheilung eines zweifelhaften Geisteszustands.

Wie sehr die Begriffe, welche sich der Laie von den
Erscheinungsweisen der geistigen Störung macht, der Wirk-
lichkeit widersprechen, kann der Irrenarzt an dem naiven
Erstaunen der Besucher von Irrenanstalten ermessen, welche

Falsche An-
schauungen
der Laien
über die Er-
scheinungs-
weise des
Irreseins.

darüber verwundert sind, dass die Kranken dieser Anstalten in der Mehrzahl aussehen und sich betragen wie gesunde Menschen, verständig antworten, richtig urtheilen. Der Besucher hatte sich erwartet, hier im Irrenhause eine eigene Species des genus Homo zu treffen und fragt enttäuscht, wo denn die eigentlichen Irren verwahrt seien. Schon Esquirol, einer der bedeutendsten Irrenärzte des Jahrhunderts, macht die zutreffende Bemerkung: „Parlez d'un fou, c'est pour le vulgaire parler d'un malade, dont les facultés intellectuelles et morales sont toutes dénaturées, perverties ou abolies; c'est parler d'un homme, qui juge mal de ses rapports extérieurs, de sa position et de son état, qui se livre aux actes les plus desordonnés, les plus bizarres, les plus violents, sans motifs, sans combinaisons, sans prévoyance . . .

Le public et même des hommes très instruits ignorent, qu'un grand nombre de fous conservent la conscience de leur état, celle de leurs rapports avec les objets exterieurs, celle de leur délire. Plusieurs coordonnent leurs idées, tiennent des discours sensés, défendent leurs opinions avec finesse et même avec une logique sévère, ils donnent des explications très raisonnables et justifient leurs actions par des motifs très plausibles."

Mit solcher Unkenntniss und Voreingenommenheit bezüglich des Wesens und der Erscheinungsweise geistig abnormer Zustände steht der Richter (Berufs- und Volksrichter) dem Inculpaten, der leicht möglich ein Geisteskranker ist, gegenüber. Er verwerthet bei der ihm vorschwebenden Frage bezüglich der Geistesintegrität gewisse diagnostische Kriterien, die er aus seinem gesunden Menschenverstand und der Psychologie des Alltagslebens geschöpft hat. Eine Beleuchtung des Werths dieser Kriterien ist wünschenswerth um Vorurtheile zu zerstören und die vermeintliche Sicherheit dieser Beurtheilungsweise in den schwierigsten Fragen der Gehirnpathologie zu erschüttern. Die Fehler dieser Methode, das Seelenleben zu erforschen, lassen sich

Die Kriterien des „gesunden Menschenverstands" zur Ermittlung krankhafter Geisteszustände unzureichend.

wesentlich darin zusammenfassen, dass nicht der Thäter
sondern die That, nicht die Lebensgeschichte sondern ein
kurzer Lebensabschnitt, nicht der Gesammtinhalt des
geistigen Lebens sondern wesentlich nur die intellektuelle
erkennende Seite desselben, nicht der Kern der Persönlichkeit sondern ihre trügerische Aussenseite, nicht die
positiven und wesentlichen klinischen Merkmale eines krankhaften Geisteslebens, sondern die negativen, unwesentlichen
und allgemeinen psychologischen Kennzeichen eines solchen,
dazu nach analytischer und nicht alleinrichtiger synthe-
tischer Forschungsmethode, den Vorwurf der Untersuchung
bilden.

1. Eine der wichtigsten und auch naheliegenden
Fragen in Fällen zweifelhafter Geistesgesundheit bildet
die nach dem Motiv der strafbaren Handlung.

Man geht dabei von der Annahme aus, bei Geistesgestörten seien die Handlungen motivlos oder durch unsin-
nige Motive hervorgerufen, während sie bei Verbrechern
immer motivirt und durch egoistische unsittliche Motive
bedingt seien. Diese Behauptung ist nur in gewissen
Gränzen anzuerkennen. Es ist nicht zu läugnen, dass das
Motiv einer That wichtig ist insofern es sie bis zu ihren
Wurzeln in ein helles Licht stellt, dass ferner bei Geisteskranken zuweilen motivlose (sog. automatische, impulsive)
Handlungen vorkommen, wie auch dass als Motiv einer
That sich häufig eine offenbare Wahnidee oder eine Sinnes-
täuschung ergibt.

Aber motivlose Handlungen sind bei Geisteskranken
die Ausnahme und bei einer grossen Zahl derselben (Wahnsinn, bes. Verfolgungswahn) können die Motive dieselben
sein wie beim Gesunden.

Die Werthschätzung der Motive des Handelns für das
Bestehen eines geistig unfreien Zustandes wird überhaupt
dadurch sehr geschmälert, dass es nicht der Inhalt der
Motive allein, sondern vielmehr die zwingende Gewalt derselben und der Ausfall von Gegenmotiven sind, die vielfach

Motiv der
strafbaren
Handlung.

das Handeln Geistesgestörter zu einem krankhaften und
unfreien machen. Als Beispiele lassen sich hiefür zu krankhafter Höhe gesteigerte und darum unwiderstehliche organische Triebe (Hunger, Geschlechtstrieb) Geisteskranker, andererseits die rachsüchtigen Handlungen und Eigenthumsver-
letzungen Seitens Schwachsinniger anführen. Die Motive
sind im letzteren Fall dieselben, wie die des gesunden
Lebens, aber sie sind ausschlaggebend, weil die hemmenden,
sittlichen und rechtlichen Gegenmotive des ersteren fehlen.
Mag es auch richtig sein, dass ein motivloses Handeln dem
normalen Geistesleben fremd ist, so muss doch zur Vorsicht gemahnt werden, eine Handlung, deren Motiv nicht
sofort gefunden werden kann, ohne Weiteres für eine motivlose zu halten. Eine eingehende Beobachtung Geistesgestörter lehrt, dass ihre unerklärlichen Handlungen mei-
stens nur scheinbar unmotivirte sind, sei es, weil ihre Motive nicht klar waren (Angstzufälle Melancholischer) oder
nach der That rasch dem Gedächtniss entschwunden sind,
weil der Kranke in einem Traumzustand handelte, der keine
Erinnerung hinterliess (Bewusstlosigkeitszustände), sei es,
dass der Kranke, zur Besonnenheit wieder gekommen, sich
seiner Handlung schämt und ihre Motive verschweigt. Bei
der Werthschätzung des Motivs muss immer die Vorfrage
erledigt sein, ob das angegebene auch wirklich das wahre,
zur That treibende war.

Dieser Nachweis ist nach Umständen schwierig. So gibt
es Melancholische, die, um recht empfindlich gestraft zu
werden, sich recht schlechter Motive ihrer Handlung bezich-
tigen, wie sie ja auch in ihrem herabgesetzten Selbstgefühl
und in ihrem Drang, gestraft zu werden, sich verbrecherischer
Thaten anklagen, die sie gar nicht begangen haben. Im
direkten Gegensatz zu diesen Kranken existiren sog. rai-
sonnirende (Maniakalische, Verrückte) die, gerade wie der
Verbrecher, ihre Handlungen durch ganz andere Motive zu
beschönigen suchen, als ihnen bei Begehung ihrer That massgebend waren. Endlich kommt es nicht selten vor, be-

sonders bei jugendlichen Verbrechern sowie Schwachsinnigen, dass Motive in den Angeschuldigten durch die richterlichen Inquisitionen hineinexaminirt werden, die gar nicht die Triebfeder seiner Handlungen waren. Auch die absolute Widersinnigkeit eines Motivs, so sehr sie eine Präsumption für einen abnormen Geisteszustand erweckt, darf nicht abstrakt verwerthet werden. Findet sich freilich eine offenbare Wahnvorstellung als Motiv, so ist damit ein wichtiger Anhaltspunkt gegeben, aber erst dann, wenn eine wissenschaftliche Untersuchung die Entstehung und Stellung der fraglichen Wahnvorstellung gegenüber dem übrigen Inhalt des Bewusstseins erwiesen und ihre Unterscheidung vom Irrthum, der excentrischen Anschauung, dem Aberglauben eines sonst Geistesgesunden gemacht hat. Nicht immer trägt aber eine Wahnvorstellung die Signatur des Wahnsinns in sich. Je mehr sie objektiv möglich ist (Vergiftungs-, überhaupt Verfolgungswahn, Wahn ehelicher Untreue), je weniger sie einen inneren Widerspruch in sich trägt, je mehr sie unter dem Gewand der Leidenschaft und Immoralität zu Tage tritt, um so leichter kann die That als eine aus verbrecherischen Motiven hervorgegangene erscheinen, wenn man sie und ihr Motiv eben für sich isolirt betrachtet.

Auch das Missverhältniss zwischen Grösse des Motivs und der aus ihm hervorgehenden That ist von geringem Werth, da ebenso gut ein depravirter Verbrecher um weniger Groschen willen einen Mord begehen als ein braver Bürger in der Hitze des Affekts, im Drang der Leidenschaft aus geringfügiger Ursache einen Anderen umbringen kann. Nicht minder bedenklich ist es, aus dem moralischen Inhalt eines Motivs Schlüsse zu ziehen, da Geisteskrankheit durchaus im Gepräge der Leidenschaft und Immoralität erscheinen kann und ihre Abgränzung in solchen Fällen von dem blos ethisch depravirten Verbrecher aus rein psychologischen und noch dazu isolirten Kriterien unmöglich ist. Von grösserem Werth ist es, wenn die Handlung zwar

motivirt ist, aber den Interessen des Thäters ganz zuwider
lauft, somit die egoistischen Motive fehlen, die sonst in der
Regel Triebfedern des wahren Verbrechens sind. Mag auch
immerhin das Motiv der Handlung logischerweise das nächste
Forschungsziel des Richters sein, so darf er doch nur
mit Vorbehalt und Kenntniss des Wesens der Geistesstörung
daraus Gesichtspunkte ableiten. Niemals ist eine abstrakte
Werthschätzung dieses Kriteriums zulässig, niemals eine
analytische Beurtheilung eines zweifelhaften Geisteszustandes
räthlich.

So wenig geläugnet werden soll, dass die Erforschung
der Motive einer strafbaren Handlung logischerweise einen
wichtigen Ausgangspunkt der Beurtheilung der That jeweils
bilden wird und der übrigens schwierige Nachweis, dass
eine That motivlos dasteht, wichtig werden kann, so un-
statthaft ist es jedoch, aus der Unmotivirtheit oder Moti-
virtheit an sich, sowie aus dem Inhalt der Motive einseitig
einen Schluss auf die Freiheit oder Unfreiheit einer aus
ihnen hervorgehenden Handlung zu ziehen, denn der nicht
genügende Nachweis von Motiven beweist nicht ihr Fehlen
und der Nachweis ganz palpabler, logischer und verbrecherischer Motive verträgt sich ganz gut mit der Unfreiheit des aus ihnen Handelnden.

Isolirtheit
der That im
Leben des
Thäters.
Leumunds-
frage.

2. Eine logisch berechtigte, aber in ihren Resultaten
abstrakt jedenfalls nicht verwerthbare Frage ist die, ob die
That isolirt im Leben des Thäters dasteht oder ob
man sich derselben von Seiten des Thäters versehen konnte? Diese Angelegenheit spielt als Leumundsfrage eine grosse Rolle in foro. Es mag für den
objektiven Thatbestand, z. B. bei einem Diebstahl, nicht un-
wichtig sein, zu wissen, ob der Angeschuldigte ein Gewohn-
heitsdieb war oder ein honetter Mann, und es mag auch
ein gemeiner Diebstahl im letzteren Fall auf den subjektiven Thatbestand der Zurechnungsfähigkeit ein Streiflicht
werfen, allein die Constatirung eines schlechten Leumunds
beweist nichts für oder wider Geistesstörung und zwar ein-

fach deswegen nicht, weil evidente Geistesstörung auch
unter der Maske der Schlechtigkeit, Unsittlichkeit, Bosheit
auftreten kann und der Laie in der Regel den äusseren
Schein mit dem Wesen der Sache verwechselt.

Wer nur einige Erfahrung darüber hat, wie häufig
dem Kundigen ganz evidente Symptome der Geistesstörung
von gebildeten und ungebildeten Laien — von Zeugen,
Pfarr- und Bürgermeisterämtern lange als Charakterfehler,
böse Gesinnung, verbrecherische Neigung dargestellt werden, für den dürfte die Leumundsfrage viel von ihrem
psychologischen Werth verlieren und bei exemplarisch
schlechtem Leumund und von Kindsbeinen auf schlechter
Lebensführung sich eher eine Vermuthung für als gegen
das Bestehen einer Geistesstörung ergeben. Jedenfalls ist
der von Casper in seinen Werken vertretene Standpunkt,
wornach eine echte causa facinoris (bewusster Drang zur
rechtswidrigen Befriedigung eines selbstsüchtigen Gelüstes),
insofern sie mit der Gesinnungsweise des Thäters überein-
stimme und die causa facinoris an sich nicht auf einer
Wahnvorstellung beruhe, eines der sichersten Kennzeichen
der Zurechnungsfähigkeit des Thäters zur Zeit der That sei,
ein bedenklicher, vor dem nicht genug gewarnt werden kann.

Geschieht es doch häufig genug, dass Menschen, deren
sündhaftes verbrecherisches Vorleben nur der Ausdruck
krankhafter, vielfach erblicher Einflüsse, die Folge früher
überstandener Hirnkrankheiten, Kopfverletzungen, oder noch
vorhandener aber schwer erkennbarer Geistesstörung ist,
so lange als Gewohnheitsverbrecher, Vagabunden und Säufer
polizeilich gemassregelt und gerichtlich bestraft werden, bis
sie in die Hände eines Sachverständigen kommen, der den
bündigen Nachweis eines moralischen Irreseins, eines Schwach-
sinnes mit perversen Trieben, einer periodischen Geistesstörung oder gar einer Verrücktheit mit verborgenen Wahnideen liefert.

Mit den rohen Kriterien des gesunden Menschenverstands, dazu noch in abstrakter Verwerthung, kann nie-

mals die Ermittlung eines zweifelhaften Geisteszustandes
gelingen. Dies gilt auch für das angezogene Kriterium
des Leumunds, abgesehen von seiner wichtigen objektiven
Gewinnung. Gibt es doch Menschen, die im besten Leumund öffentlich stehen, bis eines Tags ihnen die Larve ab-
gezogen wird und andererseits verbrecherische Menschen,
die es nur dem Schein, nicht dem Wesen nach sind! Zudem kommen transitorische Störungen des Geisteslebens
vor, die ebenso gut, ja noch häufiger einen lasterhaften
Menschen, z. B. einen Säufer, heimsuchen wie einen soliden
und nüchternen Ehrenmann.

**Prämedita-tion, List etc., vermeintlich beim Irresein ausgeschlossen.**  3. Ein weiterer Irrthum des gesunden Menschenverstands besteht darin, dass man meint Prämeditation,
List, kluge Berechnung der Umstände sei mit dem
Bestehen von Geisteskrankheit unverträglich. Auch
hier hat man generalisirt und mehr abgeleitet als das concrete Vorkommen zu schliessen gestattet. Es ist nicht zu
läugnen, dass ein plan- und sinnloses Handeln vielfach bei
Geisteskranken vorkommt und zu einer bezüglichen Vermuthung berechtigt, aber der entgegengesetzte Schluss lässt
sich keineswegs ziehen.

Man darf nicht vergessen, dass bei vielen Geisteskranken das Denken und Schliessen als eine rein formale
logische Operation ihres Denkapparates trotz falscher Prämissen (Wahnideen) ganz regelrecht sich vollziehen kann
und dass demgemäss die Handlungen, falls die sie be-
dingende Wahnidee nicht an und für sich eine ganz ab-
surde ist, ganz logisch, geordnet, zweckmässig erfolgen
können. Es gibt sogar psychische Exaltationszutände, in
welchen das durchaus unfreie, weil zwangsmässige Handeln
bei der vorübergehenden Steigerung der Seelenfunktionen
mit einer erleichterten Combination, kluger Berechnung
der Umstände, sogar mit Schlauheit erfolgt. Zudem lässt
sich als allgemeine Regel betrachten, dass überall da wo ein
beruhigtes falsches Vorstellen, ein fixer Wahn (z. B. Verfolgungswahn) das Handeln bestimmt und kein heftiger

Affekt dazutritt, die Handlungsweise den Charakter einer durchaus rachsüchtigen prämeditirten, mit vollem Bewusstsein vollzogenen besitzen kann, der sie an und für sich von dem vollbewussten Verbrechen des Geistesgesunden nicht unterscheiden lässt. Aber auch ein sinnloses Handeln kommt nicht blos bei Geisteskranken vor, sondern auch beim Gesunden im Zustand des Affekts, beim Verbrecher im Zustand der Ueberraschung und Bestürzung und gar häufig sind schon raffinirte Verbrecher durch auffällige Planlosigkeiten bei Verübung ihrer Thaten entdeckt worden. Man gedenke nur des Mörders Hanke (Casper's Mörderphysiognomien. Vierteljahrschr. VI. H. 1), der am Ort seiner grauenvollen That sein blutiges Vorhemd auszog und zurückliess, wodurch seine Entdeckung nicht schwer wurde.

Auch die fehlende Prämeditation einer That ist von geringem Werth, insofern eine Reihe von Verbrechen ohne alle Prämeditation von Gesunden im momentanen Antrieb vielleicht ebenso häufig begangen werden als nicht prämeditirte Gewaltthaten von Geisteskranken.

4. Aus dem während und nach der That hervortretenden Strafbarkeitsbewusstsein hat man vielfach die Berechtigung geschöpft, die Zurechnungsfähigkeit des Thäters zur Zeit jener zu folgern. Diese Annahme lässt gänzlich ausser Acht, dass mit dem vorhandenen oder vorhandengewesenen Bewusstsein der Strafbarkeit nur eine der Bedingungen der Zurechnungsfähigkeit gegeben und über die andere, viel wichtigere Bedingung derselben — die Freiheit des Entschlusses — noch gar nichts präjudicirt ist. Es gibt viele Geisteskranke (Melancholische, Wahnsinnige), bei denen das Strafbarkeitsbewusstsein vollkommen erhalten ist, ja geradezu die Ausführung der That mitbedingt, während doch die Wahlfähigkeit durch den Zwang schmerzlicher Gefühle, triebartiger Impulse, quälender Vorstellungen, ausgesprochener Wahnideen ganz entschieden fehlt.

Als Beleg mögen hier nur jene Melancholischen an-

*Kriterium des Strafbarkeitsbewusstseins.*

geführt werden, die zum Selbstmord zu feig oder ihn aus religiösen Gründen verschmähend, einen Mord blos deshalb begehen, um dafür hingerichtet zu werden und so indirekt ihr Ziel zu erreichen.

Reue.        5. Auch die Reue nach der That hat man diagnostisch verwerthen zu können vermeint, aber selbst Casper bezeichnet sie als ein „höchst werthloses diagnostisches Kriterium", und mit Recht, denn der Geisteskranke, welcher nicht an feststehenden jeder Correktur unzugänglichen Wahnideen leidet oder sittlich und intellektuell nicht auf die Stufe des Blödsinnigen herab gesunken ist, hat sie gemein mit dem geistesgesunden und unbescholtenen Menschen, der sich in Affekt und Leidenschaft zu einem Verbrechen hinreissen liess, ferner mit dem Gewohnheitsverbrecher, dessen moralisches Gefühl noch nicht ganz erloschen ist. Ist dies aber der Fall, so ist der Verbrecher reuelos gleich dem Geisteskranken, dessen Bewusstsein zu tief gestört, dessen Wahn uncorrigirbar ist.

Man muss sich aber auch bei offenbar Geistesgestörten hüten, aus der Gegenwart von Reue nach der That auf ein während ihrer Begehung dagewesenes Strafbarkeitsbewusstsein eben um dieser Reue willen zu schliessen.

Dies gilt besonders für transitorische Geistesstörungen, bei welchen der Kranke im Anfall eine ganz andere Persönlichkeit war als ausserhalb desselben und rasch wieder zur Norm seines sittlichen Fühlens zurückkehrt, ferner für viele Melancholische, bei welchen die That oft die Bedeutung einer kritischen hat und vorübergehend wenigstens die Einsicht in den krankhaften Zustand wiederherstellt, nicht minder für viele Schwachsinnige, bei welchen die Reue nicht etwa von ihrem wiedererwachten sittlichen Bewusstsein ausgeht, sondern eine durch äussere Einflüsse, durch geistlichen Zuspruch, durch unbehagliche Lage der Gefängnisshaft geweckte ist, bei denen die That nicht um ihrer selbst und ihrer sittlichen Bedeutung willen, sondern nur wegen ihrer äusseren unangenehmen Folgen bereut wird.

6. Der angebliche Geisteskranke spricht ganz verständig. Dieses Kriterium des gesunden Menschenverstands ist das bedenklichste, denn es nimmt nur auf den Stand der intellektuellen Funktionen Rücksicht und begnügt sich gewöhnlich zu constatiren, dass das Individuum seine Personalien und Erlebnisse richtig anzugeben weiss, über Zeit und Ort orientirt ist, allenfalls an einer Conversation sich betheiligen kann. Mit einer solchen Leistung, die eigentlich nur niedere Funktionen des Geisteslebens repräsentirt und ganz gut von hochgradig Schwachsinnigen erfüllbar ist, sind die Grundlagen der Zurechnungsfähigkeit noch lange nicht gegeben. Verständig sprechen beweist noch lange nicht verständig sein und verständig handeln.

Verständiges Reden des zweifelhaft Geisteskranken.

Die einseitige Prüfung der intellektuellen Funktionen und gar noch in der oberflächlichen Weise des Laien kann nur auf Abwege führen, wie überhaupt die Begründung des Wesens des Irreseins in Störungen der Intelligenz und die der Zurechnungsfähigkeit in dem positiven Moment eines Unterscheidungsvermögens und dem negativen des Fehlens von Wahnideen und Sinnestäuschungen nothwendig unrichtige Urtheile herbeiführen muss.

Allerdings kann bei der Solidarität der Geistesfunktionen auch die Denksphäre des Geisteskranken nie intakt sein, aber es braucht dies nicht in Form von Wahnideen zu geschehen und selbst gebildete und vorhandene „fixe" Ideen brauchen nicht immer im Bewusstsein zugegen zu sein und jederzeit entäussert zu werden. Wie oft ist es doch schon geschehen, dass Irre ganz vernünftig schienen, weil sie verständig sprachen, bis Jemand, der mit ihren geheimen fixen Ideen bekannt war, die Conversation auf diese lenkte und die Krankheit demonstrirte!

Es kann nicht genug darauf hingewiesen werden, dass das was den Laien hauptsächlich den Begriff des Irreseins ausmacht — andauerndes Unsinnreden — durchaus nicht nothwendiges Erforderniss einer Geisteskrankheit ist und dass

nach einer solchen Anschauung es nur wenig wirkliche Geisteskranke in Irrenhäusern geben würde. Eine solche Anschauung
lauft Gefahr, den Simulanten, der gerade das bietet, was
der bon sens des Laien für charakteristisch hält, für geisteskrank, den wirklich Geisteskranken aber für geistesgesund
zu halten. Bei der Mehrzahl der Geisteskranken sind die
fixen Ideen als inhaltliche Störungen des Vorstellungspro-
cesses durch blosse Störung im formalen Ablauf desselben
oder aber durch Erscheinungen allgemeiner Abschwächung
der intellektuellen Energien vertreten. Diese formalen Störungen machen ebenso gut unfrei als die in Wahnideen
sich bewegenden Formen des Irreseins, sei es, dass die
Vorstellungsprocesse zu verlangsamt ablaufen oder Vorstellungen mit krankhafter Intensität und Dauer im Bewusstsein verharren (Zwangsvorstellungen), sei es dass der
Vorstellungsablauf krankhaft so beschleunigt ist, dass ein
besonnenes Erwägen der Motive und Gegenmotive eines
Handelns unmöglich wird. Diese Störungen des intellektuellen Lebens können die einzigen bei den sog. Gemüthskrankheiten sein und vernichten die Bedingungen der Zurechnungsfähigkeit, in sofern eine ungestörte Ideenassociation bei dem Vorgang der Selbstbestimmung unerlässlich ist.

Zur Annahme einer die Zurechnungsfähigkeit aufhebenden Geistesstörung genügen krankhafte Stimmungen
und Affekte, formale Störungen der Processe des Vorstellens und aus ihnen hervorgehende irre Bestrebungen,
sowie Sinken der geistigen Vermögen überhaupt bis auf
eine gewisse Stufe.

Aus der Berücksichtigung der formalen Störungen des
Seelenlebens erklärt sich auch die für den Laien paradoxe
Thatsache, dass gewisse Kranke verkehrt handeln und doch
vernünftig sprechen. Die Erklärung liegt einfach darin,
dass entweder blos formale Störungen im Vorstellen be-
stehen und das krankhafte Wollen von Störungen der
Gemüthssphäre, von krankhaften Stimmungen, Affekten,
Zwangsvorstellungen aus bedingt wird, oder dass allerdings

vorhandene und das Wollen bestimmende Wahnvorstellungen von den Kranken geschickt verborgen gehalten werden und sich nur in irren Handlungen kundgeben. Bei solchen Irreseinszuständen kann es sogar geschehen, dass der Kranke nicht blos vernünftig spricht, sondern sogar mit Scharfsinn sein unsinniges Gebahren mit Vernunftgründen zu entschuldigen weiss (Folie raisonnante).

Das Auffallendste für den Laien bleibt immer, dass im Wahnsinn Methode und Logik sich finden. Diese formale Leistung des Denkvermögens, als eine durch ursprüngliche Veranlagung gegebene, durch Erziehung und Gewohnheit gefestigte erlischt erst mit der tieferen organischen Erkrankung des Seelenorgans (Blödsinn) und geht selbst in den Zuständen krankhafter Bewusstlosigkeit, wo doch das Selbstbewusstsein tief gestört ist, nicht gänzlich verloren.

Aber wenn auch umgekehrt die psychologische Untersuchungsweise des Laien auf eine inhaltlich verkehrte Idee gestossen ist, so ist der gesunde Menschenverstand dennoch nicht im Stande, dieselbe ohne Weiteres als eine Wahnidee mit ihren legalen Consequenzen zu beurtheilen. Wie er Gefahr läuft, eine evidente Wahnidee, da sie im Bereich des Möglichen liegt, mit Ueberzeugungstreue vorgebracht und mit Beweisen gestützt wird, für eine Thatsache zu halten, so kann es geschehen, dass er den blossen Irrthum eines Geistesgesunden, etwa aus Aberglauben hervorgehend, für eine Wahnidee hält.

Es ist im Allgemeinen richtig und psychologisch von Bedeutung, dass der Irrthum eines Geistesgesunden auf einem Denk- oder Beobachtungsfehler beruht und von ihm erkannt wird, wenn man dem Irrenden seinen Fehler nachweist, dass ferner der Irrthum des Geistesgesunden sich als ein objektiver ausweist, während der Irrwahn des Geisteskranken immer eine Beziehung zum Subjekte hat (Verfolgungswahn durch Hexen, die der Kranke sieht, fühlt etc. im Gegensatz zum Hexenglauben vergangener Jahrhunderte),

dass der Wahn des Kranken nicht widerlegt werden kann
und mit der ursächlichen Gehirnkrankheit steht und fällt,
aber alle diese psychologischen Kriterien genügen nicht zur
Sicherstellung, ob Irrthum oder Irrwahn besteht.
Die Entscheidung vermag nur die ärztliche Wissenschaft zu geben, indem sie einen fraglichen Wahn auf seine
Entstehungsweise prüft, sein Verhalten zum historischen
und gegenwärtigen Bewusstsein des fraglichen Kranken
ermittelt, seinen Zusammenhang mit anderweitigen Zeichen
eines gestörten Geisteszustandes herstellt.

Aus der Unzulänglichkeit der Psychologie des Alltagslebens gegenüber so markanten psychischen Erscheinungen,
wie sie eine unrichtige Vorstellung darbietet, mag ein Ge-
sammtschluss gezogen werden, wie weit der gesunde Menschenverstand ohne wissenschaftliche Erfahrung mit seinen
Kriterien in der Beurtheilung zweifelhafter Geisteszustände
reicht.

Geistesstörung als eine Hirnkrankheit kann nur klinisch
ermittelt und festgestellt werden. Nur dann, wenn die Ursachen, Entstehungsweise, ihre körperlichen und psychischen
Symptome, ihr Verlauf ermittelt sind, bietet der Fall eine
solche Klarheit, dass die Frage der Zurechnungsfähigkeit erörtert werden kann. Wie bei allen naturwissenschaftlichen
Untersuchungen ist der synthetische, nicht der analytische,
der inductive, nicht der deductive Weg der Untersuchung
der einzig richtige. Diese unerlässliche Sicherheit für die
Rechtsprechung vermag nur die ärztliche Wissenschaft zu
geben. Dass aber der Richter nicht blos fähig ist, den
objektiven Thatbestand zu ermitteln, sondern auch geeignet, wesentlich zur Klärung des subjektiven bezüglich
der Zurechnungsfähigkeit beizutragen, möge der folgende
Abschnitt klarlegen und zugleich dem Richter zeigen, worauf er beim Angeschuldigten, der zugleich ein Geisteskranker sein kann und damit ausserhalb des Gesetzes steht,
zu achten hat.

# A. Allgemeiner formeller Theil.

## Der fragliche Geisteskranke in den verschiedenen Stadien des Strafverfahrens.

### I. Der Geisteskranke vor dem Untersuchungsrichter.

Die Erfahrung lehrt, dass krankhafte Störung der Geistesthätigkeit häufig zu Rechtsverletzungen führt und dass es keineswegs leicht ist, bei der Vieldeutigkeit psychopathischer Erscheinungen, bei ihrer Unbestimmtheit, Verborgenheit, ja selbst absichtlichen Verheimlichung Seitens des Kranken sowie bei dem vielfach transitorischen Charakter jener ihr Vorhandengewesensein zur Zeit einer strafbaren That und ihren Einfluss auf diese festzustellen. *Wichtigkeit der Beachtung des Geisteszustands des Inculpaten.*

Und dennoch hängt von dieser Entscheidung die ganze Sicherheit und Würde der Rechtspflege ab. Der Wichtigkeit dieser Frage des subjektiven Thatbestands entsprechend ist der Untersuchungsrichter verpflichtet, ein ganz besonderes Augenmerk auf den Geisteszustand des Inhaftirten zu richten.

Dass weder die Fähigkeit, die Folgen der Handlung zu überlegen, noch Recht und Unrecht mit Bezug auf die That zu unterscheiden, noch Reue nach derselben, mangelnder Zusammenhang der That mit vorhandenen krankhaften Erscheinungen, Fehlen von Wahnideen die Geistesgesundheit beweisen, wurde im Vorausgehenden zu zeigen versucht.

Die Verdachtgründe, aus welchen der Untersuchungsrichter
Zweifel bezüglich der Geistesintegrität des Inhaftirten ent-
nehmen kann, sind sehr mannigfach. Leider wird aber in
der Regel das Hauptaugenmerk auf die Feststellung des
objektiven Thatbestands verwendet und unter der durch
nichts gerechtfertigten Präsumption der Zurechnungsfähigkeit der Blick vom subjektiven Thatbestand abgewendet.
Es ist dies um so bedauerlicher, als der Untersuchungsrichter in seiner erhabenen Aufgabe Zeugen einvernehmen
kann wie er will und alle Organe des Staats zur Verfügung hat.

Mangelhafte
Würdigung
des Geistes-
zustands.
So geschieht es, dass die Vorakten bezüglich der Persönlichkeit des Angeschuldigten, seines Vorlebens, in der
Regel sich auf Leumund und etwaige Vorbestrafungen beschränken, dass die Schilderung der Umstände der Ergreifung,
des Verhaltens in den Verhören und in der Gefangenschaft
in der Regel höchst dürftig ist. Wird dann im Verlauf
der Untersuchung der Gerichtsarzt berufen, so muss das
Fehlende durch neuerliche Untersuchungen ergänzt werden
und für die Gewinnung mancher wichtiger Thatsachen ist
es nun zu spät. Auch die Darstellung des Verhaltens des
Angeschuldigten in den Verhören ist meist eine lückenhafte und da der unerfahrene Richter nur zu sehr geneigt
ist, gleich Simulation zu wittern, wenn der Angeschuldigte
sich auffällig benimmt, eine präoccupirte, mindestens nicht
objektive.

Allgemeine
Verdacht-
gründe für
geistige
Störung.
Anhaltspunkte für die Zweifelhaftigkeit des Geisteszustands ergeben sich für den aufmerksamen Richter zunächst aus den die Umstände der That und der Ergreifung
des Thäters schildernden Anzeigedokumenten, dann aus
dem den objektiven Thatbestand enthaltenden Thatbestandsprotokoll, aus dem das Verhalten des Thäters auf dem
Transport schildernden Einlieferungsrapport, aus dem Befund des den Inhaftirten untersuchenden Gefängnissarztes,
aus den Verhören mit dem Angeschuldigten, aus dem Benehmen desselben im Untersuchungsgefängniss, aus der

Ermittlung der früheren Persönlichkeit und der Lebensverhältnisse des Gefangenen.

Die Anzeigedokumente, wie sie durch die Berichte etwaiger Thatzeugen, der verhaftenden Polizeiorgane und Gensdarmen geliefert werden, müssen vor Allem genauestens den Zeitpunkt der That, den Ort derselben, den Ort der Ergreifung des Thäters, die Umstände der Ergreifung mit besonderer Berücksichtigung seines Gebahrens, seiner etwaigen Reden und Geständnisse, seiner Kleidung und sonstigen Aeusserlichkeiten enthalten. Die Ermittlung der Zeit der That ist besonders wichtig, damit vor- oder nachher stattgefundene Aeusserungen und Handlungen chronologisch sicher dastehen.

Es kann von hohem Werth sein zu wissen, ob der Inhaftirte in einem der That vorausgehenden Zeitraum betrunken oder sonstwie im Bewusstsein gestört erschien, ob er befangen oder unbefangen bei der Ergreifung erschien, Kenntniss vom Vorgefallenen hatte oder nicht, sich der Verhaftung durch Widerstand oder Flucht zu entziehen versuchte, ob er am Thatort — vielleicht ruhig sitzend oder gar schlafend betroffen wurde oder entfernt von demselben, ob er Anstalten getroffen hatte, die Spuren seiner That zu verwischen, ob er sich fremdes Eigenthum angeeignet hatte?

Das die Umstände der That schildernde Thatbestandsprotokoll hat zu ermitteln, ob die That allein oder mit Helfershelfern begangen wurde, ob vor Zeugen oder heimlich, mit welchen Mitteln, Werkzeugen, ob diese die geeigneten waren oder bessere zu Gebot standen, ob bei Ausführung der That mit einer ungewöhnlichen Gewaltanwendung, Rohheit und über das Ziel einer Tödtung hinausgehenden Grausamkeit vorgegangen wurde, ferner bei Leichen weiblicher Individuen, ob Zeichen eines versuchten oder vollzogenen Beischlafs vorhanden sind, ob entsprechende Zeichen am Thäter sich nachweisen lassen, ob er verwundet oder sonstwie beschädigt ist?

Es ist ferner wichtig zu constatiren, ob wirklich ein objektiver Thatbestand besteht, da es Kranke gibt, die sich fingirter Verbrechen beschuldigen, ob mit Grund angenommen werden kann, dass der Selbstankläger auch wirklich der Thäter sei, da fälschliche Selbstbeschuldigungen eines objektiven Thatbestands vorkommen.

Doppelte Vorsicht ist nöthig, wenn Selbstanzeige gemacht wird, wenn der Thäter seine Handlung so gravirend als möglich darstellt, wenn sie an den liebsten Angehörigen oder sonst werth gehaltenen Objekten begangen wurde oder die Personen dem Thäter ganz fremd waren, wenn das Verbrechen in Attentaten auf die Person des Staatsoberhaupts, in Religionsstörung oder auffällig schamlosen Unzuchtsdelikten besteht.

Das Einlieferungsprotokoll ist wichtig, insofern es über das Gebahren des Verhafteten in den ersten Stunden oder Tagen nach der That Auskunft gibt und es gerade gegenüber der Frage der Simulation sowie bei fraglicher transitorischer Geistesstörung auf diese Zeit erheblich ankommt.

Es kann wichtig sein zu ermitteln, ob der Verhaftete Spuren von Berauschung zeigte, Angst- oder epileptische Anfälle bot, Bewusstseinsstörung erkennen liess, delirirte u. s. w. Es ist nöthig, die Zeitfolge etwa constatirter auffälliger Erscheinungen genau festzustellen.

Der ins Gefängniss Eingelieferte sollte ehestens vom Gefängnissarzt untersucht werden. Leider geschieht dies nur auf besonderes Verlangen des Inhaftirten oder des Gerichts oder bei den regelmässigen monatlichen Gefangenhausvisitationen und dann nur oberflächlich in Bezug auf das körperliche Befinden, nicht aber bezüglich des geistigen Zustandes. Schon Schlager hat vor Jahren diesen Umstand beklagt, Dr. v. Wyss kürzlich ihn wieder hervorgehoben und auf die Nothwendigkeit der Aufnahme eines psychischen Status praesens zur Zeit der Gefangensetzung hingewiesen — nicht etwa als Grundlage eines zu erstat-

*Wichtigkeit eines psychischen Status praesens nach der Gefangensetzung.*

tenden Gutachtens und der zu ermittelnden Zurechnungsfähigkeit, sondern einfach zur Vervollständigung der Untersuchung und als eventuelle Unterstützung des Richters in
der Gewinnung von Inzichten für oder gegen das Bestehen
einer Geistesstörung. Leider geht bei dem gegenwärtigen
Gerichtsverfahren der wichtige Moment, wo eine sachverständige ärztliche Person den psychischen Status ermitteln
und aufzeichnen würde, vorüber und damit ein wichtiges
Material für etwa später nöthig werdende Geisteszustands-
untersuchungen verloren. Dieses Material wäre um so werth-
voller, wenn jeder Gefangenhausarzt psychiatrisch gebildet
wäre und ein von sachverständiger Hand entworfenes
Schema für einen solchen Status der Untersuchung zu
Grund gelegt würde.

Direkte und wichtige Gelegenheit, sich Vermuthungen
über die geistige Persönlichkeit des Angeschuldigten zu
bilden, erwächst dem Untersuchungsrichter in den Verhören.

Es ist nothwendig, dass das erste Verhör binnen der
ersten 24 Stunden (Deutsche St.P.O. § 115, Oesterr. § 179)
nach der Einlieferung stattfinde und neben den Personalien
und Thatumständen ganz besonders das Verhalten nach der
That, die Feststellung der Erinnerung für die Umstände
der Ergreifung, des Transports sowie der Einzelheiten der
That berücksichtige. Eine stenographische Aufzeichnung
wenigstens dieses ersten Verhörs, die genaue Darstellung
des Benehmens in Form des Geberdenprotokolls wäre
nützlich.

Indicien für das Vorhandensein geistiger Störung muss
das Benehmen des Thäters abgeben, wenn er sich selbst
und seine That im schlechtesten Licht darstellt, gleich
gestraft sein will, oder wenn er umgekehrt sich apathisch
zeigt, selbst bei der sonst erschütternden Confrontation mit
der Leiche des Gemordeten; ferner wenn er eine grosse
Gereiztheit und Heftigkeit des Benehmens zeigt, redselig
und abschweifend in der Rede ist, Nonchalance und Dreistig-

keit des Benehmens an den Tag legt, sich seiner That

rühmt. In nicht seltenen Fällen wird es geschehen, dass der Thäter von seiner Handlung nichts zu wissen behauptet. Dieser Umstand ist wichtig und fordert zur genauesten Untersuchung des angeblichen Erinnerungsmangels und seines zeitlichen Umfangs auf. Sind die Thatumstände genau erhoben, die Thatsachen des Ergreifungsberichts und Einlieferungsrapports chronologisch geordnet, so gewinnt dieses fragliche Symptom erhöhte Bedeutung.

Das Fehlen der Erinnerung lässt eine Vermuthung auf das Vorhandengewesensein einer transitorischen Geistesstörung (Bewusstlosigkeit) zu, wenigstens ist der Erinnerungsdefekt für den Zeitraum des krankhaften Zustands Regel. Es kann aber ebenso gut blos behauptet sein und auf dem Vertheidigungsplan eines raffinirten Verbrechers beruhen.

Es ist dann Sache des Untersuchungsrichters, durch Kreuz- und Querfragen an den Vernommenen, durch Feststellung, welchen Umfang zeitlich der angebliche Erinnerungsdefekt hat, durch Vergleichung der bezüglichen Aussagen in den folgenden Verhören der Wahrheit auf die Spur zu kommen. Von grossem Werth sind dabei auch der Ergreifungs- und Einlieferungsrapport, jedoch muss der Richter wissen, dass bei gewissen Formen des transitorischen Irreseins (alkoholisches, epileptisches) eine momentane

Momentane
Aufhellung
des Bewusst-
seins mit
Wissen von
der That und
Fähigkeit,
Auskunft zu
geben,
schliesst Be-
wusstlosig-
keitszu-
stände
nicht aus.

Aufhellung des Bewusstseins mit Fähigkeit, Rede und Antwort zu stehen, eintreten kann, in welcher sogar ein Verhör möglich ist, dass ferner unmittelbar nach einer in Bewusstlosigkeit begangenen That ein momentanes Wissen von derselben beobachtet wurde, obwohl die den Verhaftenden gemachten Angaben oder im ersten Verhör gegebenen Aussagen hinterher dauernd der Erinnerung entschwunden sind. Auch ein verständiges Reden und Antworten schliesst Zustände von gleichzeitiger Bewusstlosigkeit und eine später dafür fehlende Erinnerung nicht geradezu aus.

Während angebliche Erinnerungsdefekte meist leicht nachweisbare Täuschungen sind und den bündigen Beweis mangelnder Wahrheitsliebe des Angeschuldigten liefern, ist aber nicht zu übersehen, dass auch wirklich Geisteskranke, so z. B. Melancholische, aus Scham über die begangene That, ferner Geistesschwache als läppischer Vertheidigungsversuch fälschlich Erinnerungslosigkeit behaupten. Es darf also aus dieser Thatsache nicht ohne Weiteres auf Simulation und geistige Gesundheit geschlossen werden.

Des Weiteren möge der Untersuchungsrichter den Stand der Intelligenz, die Gemüthsbeschaffenheit, die Ausdrucksweise des Inculpaten wohl beachten. Er hüte sich, durch das befangene scheue schüchterne Wesen, das vielen Menschen dem Untersuchungsrichter gegenüber eigenthümlich ist oder durch die Schwerhörigkeit des Betreffenden eine blödsinnige Schwäche ohne weitere Anhaltspunkte zu vermuthen.

Häufig wird erst im Verlauf der Gefängnisshaft der Angeschuldigte psychisch auffällig. Der vorsichtige Untersuchungsrichter hüte sich vor Allem den Fehler zu begehen, vorweg Simulation zu vermuthen. Eine solche kommt oft genug im Gefängniss vor und ein bezüglicher Verdacht ist jedenfalls gerechtfertigt, aber von diesem bis zur Annahme der Simulation ist noch ein weiter Schritt, den ein gewissenhafter Richter nicht ohne Weiteres thun sollte. Wenn der Gedanke an Simulation auch naheliegt, insofern ein Verbrecher dadurch einer entehrenden und die Freiheit beschränkenden Strafe zu entgehen hofft, so darf nicht vergessen werden, dass Gemüthsbewegungen wichtige Ursachen für Geistesstörung sind und deren der Verbrecher vor, während und nach seiner That genug erfahren hat, zudem dass durch den Einfluss der Freiheitsberaubung sowie durch die somatisch schädigenden und psychisch deprimirenden Verhältnisse des Gefangenenlebens der Verdacht auf eine wirklich vorhandene Geistesstörung mindestens ebenso berechtigt ist, wie der auf Simulation.

Zudem kann es sich um eine periodische oder durch die kritische Bedeutung einer schweren Gewaltthat zurück-

Simulations-frage.

getretene Geistesstörung handeln, wenn der Inhaftirte verdächtige psychische Symptome zu bieten beginnt.

Hier ist vorläufig keine Präsumption möglich, sondern nur eine sorgfältige Beobachtung des Angeschuldigten,
entweder in Collektivhaft mit anderen intelligenten und ver-
lässlichen Gefangenen oder noch besser in der andauernden
und sorgfältigeren Beobachtung im Inquisitenspital.

Es ist Pflicht des Richters, dafür zu sorgen, dass, sobald der Geisteszustand eines Gefangenen verdächtig wird,
der Gefängnissarzt täglich ihn beobachte und das Resultat
seiner Beobachtungen in einem fortlaufenden Beobachtungs-
journal niederlege, ein wichtiges Beurtheilungsmaterial für
künftige Begutachtungen, das aber in der Regel in den
Akten vergebens gesucht wird. Es wird ausserdem Sache
des Richters sein, die Gefängnisswärter und Mitgefangenen
über die von ihnen gemachten Wahrnehmungen einzuver-
nehmen, sich selbst von dem Benehmen des Inhaftirten so
oft als möglich zu überzeugen und sobald er einen ge-
gründeten Verdacht auf einen abnormen Geisteszustand hat,
die Gerichtsärzte mit der Exploration zu betrauen.

Es wäre sehr wünschenswerth, wenn in grösseren Unter-
suchungsgefängnissen Gefangenwärter Verwendung fänden,
die früher in einer Irrenanstalt gedient haben und das Ge-
fängnisspersonal zu einer rein objektiven Beobachtung des
verdächtigen Gefangenen angeleitet würde.

*Inzichten für Simulation.* Vermuthungen für den aufmerksamen Untersuchungsrichter, dass Simulation im Spiele sei, werden sich daraus
ergeben, wenn der Inhaftirte seine angebliche Krankheit in
Gegenwart der Beobachter zur Schau trägt, auf sein Kopf-
leiden mit Ostentation hinweist, was wirkliche Geisteskranke
nicht zu thun pflegen, wenn er in seinem etwaigen Toben
noch eine gewisse Umsicht und Rücksicht zeigt, verkehrte
Antworten gibt, aus denen hervorgeht, dass er gleichwohl
den Sinn der Frage wohl verstanden hat.

Die Ermittlung der Simulation von Geistesstörung ist
keine leichte Aufgabe für den Gerichtsarzt. Wo die ört-

lichen Verhältnisse des Gefängnisses für die unerlässliche
längere und ununterbrochene Beobachtung des fraglichen
Simulanten ungünstig sind, wird der Untersuchungsrichter
gut thun, dem Begehren nach einer Beobachtung in einer
Irrenanstalt zuzustimmen. Er vergesse nicht, dass Simulation gleichzeitige Geisteskrankheit nicht ausschliesst, und
dass Simulation durch die mit ihr nothwendig verbundene
körperliche und geistige Anstrengung in wirkliche Geisteskrankheit übergehen kann.

Die von manchen älteren Aerzten noch beliebten Kunst-
griffe (Chloroformirung, Ekelkuren, elektrische Geisselung,
Douchen etc.) zur Entlarvung fraglicher Simulanten sind
unsicher, inhuman und selbst gefährlich und deshalb am
besten zu unterlassen.

Die Würdigung der That und des Thäters darf nicht
bei ihr und der gegenwärtigen Persönlichkeit stehen bleiben,
sondern muss auch die der That vorausgehenden Verhältnisse und Stimmungen des Inhaftirten ermitteln. Unter allen
Umständen ist die That der Ausfluss schon mehr weniger
lange vor ihr bestehender Stimmungen, Gedankenverbindungen, Gedankenrichtungen, Affekte, Leidenschaften, Impulse. Im Falle sie die That eines Geistesgestörten ist,
steht sie ebensowenig isolirt da, sondern ist nur Symptom
eines bestehenden oder bestanden habenden Zustands, dessen
Ermittlung sie in ein richtiges Licht zu setzen geeignet ist.
Die Zeit vor der incriminirten That, die Umstände, wie
der Thäter zu ihr kam, müssen deshalb sorgfältig ermittelt
werden. Gewöhnlich geschieht dies nur bei schwereren
Reaten, insbesondere insofern die psychologisch differentielle
Diagnose eines Mords oder Todtschlags zu machen ist,
aber auch bei allen möglichen strafbaren Handlungen erscheint die Vorgeschichte der That nöthig.

Als einigermassen auf einen krankhaften Hirnzustand
schon vor der That hinweisende und der Beachtung des
Richters würdige Thatsachen sind zu bezeichnen:

Tiefgehende, äusserlich kaum oder gar nicht motivirte

*Marginalia:*

Nothwen-
digkeit der
Erhebung
des Seelen-
zustands,
wie er
schon vor
der That
bestand.

Inzichten
für eine
Geistes-
störung
schon vor
der That.

Aenderung des Wesens und Charakters mit Stumpfheit
gegen früher hochgehaltene Lebensbeziehungen (Beruf und
Familie), Zornmüthigkeit, der Persönlichkeit früher fremde
Neigung zu Alkoholausschweifung, Vagabundiren, geschlechtlichen Excessen. Abnahme des Gedächtnisses, rasche geistige Ermüdung, Nachlass des sittlichen und Rechtsgefühls,
Nachlässigkeit im Berufsleben, feindliches, misstrauisches,
gereiztes Benehmen, Eifersucht, Klagen über Verläumdung,
Lebensbedrohung, selbst bei Gericht. Klagen über körperliche, speciell nervöse Beschwerden, Angst, Unruhe,
Kopfschmerz, Schlaflosigkeit, eigene Befürchtung irre zu
werden. Schmerzliche Verstimmung, wehmüthige oder ge-
reizte Stimmung, Lebensüberdruss und Selbstmordversuche,
Klagen von sonderbaren Gedanken geplagt zu werden, dem
Charakter früher fremde und übertriebene Religiosität, selbst
ausgesprochene Befürchtungen, dass etwas Schreckliches
passiren werde, mit vagen Andeutungen des bevorstehenden
Unglücks, Warnung oder Bedrohung der Umgebung im
Sinn einer zu gewärtigenden Gefahr von Seiten des Thäters,
Versuche, sich der zur Begehung des Verbrechens gebo-
tenen Mittel selbst zu berauben.

Nothwen-
digkeit eines
Zurück-
greifens auf
die früheren
Lebens- und
Gesund-
heitsver-
hältnisse.
Die richterliche Voruntersuchung muss aber noch weiter
gehen und nicht bei der Vorgeschichte der That stehen
bleiben, sondern die des Thäters ermitteln.

Das Strafrecht fusst auf psychologischen, gleichwie auf
ethischen und rechtlichen Gesichtspunkten. Um dem Thäter
gerecht zu werden und eine annähernde Vorstellung von
seiner Schuld zu gewinnen, muss sie die Persönlichkeit des
Thäters bis weit zurück in seinem Lebensgang ermitteln,
denn nächst seiner Anlage sind seine Erziehung und Lebensschicksale massgebend für das, was er geworden ist.

Diese Untersuchung der Persönlichkeit beschränkt sich
leider gewöhnlich auf Leumund, etwaige Vorbestrafungen
und allenfalls noch auf die genossene Erziehung.

Indem das Strafrecht sich auf diese ethisch-intellek-
tuellen, zudem lückenhaft und nicht vorurtheilsfrei ermittelten

Momente im Vorleben des Verbrechers beschränkt, verzichtet es auf eine allseitige und wissenschaftliche Erforschung desselben, zu der im Sinne einer Neugestaltung des Strafrechts der Zug der Zeit und das Bedürfniss drängen und beraubt sich im concreten Fall wichtiger, weil möglicherweise für die Vermuthung eines psychopathischen Zustands ausschlaggebender Thatsachen. Das Strafrecht beschränkt sich auf die Würdigung der moralisch intellektuellen Erziehungsresultate und ignorirt den wichtigen Faktor der Abstammung und Anlage, sowie den der Lebensschicksale, wozu auch für die geistige Persönlichkeit bedeutsame erlittene Krankheiten, erworbene Gebrechen (Trunksucht) zu rechnen wären.

Die Verwerthung dieser anthropologischen Seite des Menschen für Strafgesetzgebung überhaupt und Rechtsprechung im concreten Fall gehört der Zukunft an, aber der gewissenhafte und in seinem exploratorischen Vorgehen ungebundene Untersuchungsrichter wird schon in der Gegenwart gut thun, diese Seite des Angeschuldigten nicht zu übersehen. Wenigstens sollte er dies bei schweren Verbrechen zu thun nicht unterlassen.

Die Belastung des Richters in Verfolgung dieser Aufgabe kann keine grosse sein, wenn ein von kundiger Hand entworfenes Schema dessen, worauf es ankommt, ihm zur Verfügung steht und dessen Ausfüllung (eine Art Fragebogen) von ihm der Gemeinde-, Pfarr- oder Polizeibehörde der Heimath des Angeschuldigten aufgetragen wird, geradeso wie er amtliche Erkundigungen nach dem Leumund und etwaigen Vorbestrafungen einzieht. Als bemerkenswerthe Punkte eines solchen Fragebogens wären hervorzuheben:

*Fragen. auf die es in der Vita anteacta ankommt. Fragebogen.*

Vorgekommensein von schweren Hirn-, Nerven-, Geisteskrankheiten, Selbstmord, Trunksucht, auffälliger Immoralität und verbrecherischer Lebensführung in der Familie des Angeschuldigten.

Geisteskrankheit, Epilepsie, Hysterie, Trunksucht,

schwere Kopfverletzungen beim Angeschuldigten selbst, etwaiger früherer Aufenthalt in Irrenanstalten und welchen, etwa früher verhängte Curatel und von welchem Gericht? Die praktische Bedeutung dieser Fragepunkte wird in den Ausführungen des speciellen Theils dieses Buchs sich genugsam ergeben. An dieser Stelle sei nur der Wichtigkeit der Erblichkeit von krankhaften Hirndispositionen gedacht.

Die Bedeutung dieses Gesetzes der Erblichkeit, allgemein anerkannt auf dem Gebiet des physiologischen Lebens und eine ätiologische Grossmacht auf dem der Pathologie, ist noch lange nicht hinlänglich gewürdigt in ihren praktischen Consequenzen in foro. Es ist zweifellos, dass nicht blos Geisteskrankheit im engeren Sinn, sondern auch schwere anderweitige Hirnkrankheiten, Epilepsie, Hysterie, ja selbst Trunksucht und überhaupt ausschweifende Lebensweise die psychische Integrität der Nachkommenschaft in Frage stellen und thatsächlich häufiger, als man dies vielfach noch annimmt, die normale Hirnentwicklung stören, ja selbst, wenn das gefährliche Lebensalter des sich noch entwickelnden Gehirns glücklich überstanden ist, dieses zeitlebens weniger widerstandsfähig gegen Schädlichkeiten aller Art erscheinen lassen und bei Einwirkung solcher in Krankheit versetzen. Der erbliche Einfluss kann sich in seltenen Fällen schon von Geburt an geltend machen (angeborenes Irresein) oder erst in einer späteren Lebensperiode (erworbene Krankheit). Es kann hiebei der erbliche Einfluss sich durch kein Zeichen verrathen (blosse erbliche Anlage) oder durch mannigfache Zeichen einer abnormen Funktion des Gehirns (Anomalien des Charakters, krankhafte Gemüthsreizbarkeit, durch Intensität und Dauer abnorme Affekte, abnorme Reaktion gegen Spirituosen, Krampf- u. a. Nervenkrankheiten — erbliche Belastung — s. u. psychische Degenerationszustände).

Die erblich veranlagte Krankheit kann dabei in gleicher Form wie bei der Ascendenz sich äussern und zu ganz

gleichen Handlungen führen (Diebstahl, Selbstmord) oder
häufiger in veränderter Form. Sie bricht in annähernd
der gleichen Lebenszeit bei Personen verschiedener Ge-
nerationen aus (z. B. Irresein im Wochenbett bei Mutter
und Tochter). Die tiefgehende Bedeutung dieses wichtigsten aller Naturgesetze unter den Lebenserscheinungen
ergibt sich unschwer aus diesen kurzen Andeutungen.
Sie wird nur dadurch geschmälert, dass dieses Gesetz nicht
immer zur Geltung kommt. Es kann nicht genug davor
gewarnt werden, aus der blossen Thatsache, dass Irresein
oder gleichwerthige Hirnaffektionen bei der Ascendenz vorgekommen sind, voreilige Schlüsse bezüglich des Geistes- Gefahr voreiliger
zustands eines Inhaftirten zu ziehen. Diese Thatsache hat Schlüsse.
nur dann eine Bedeutung, wenn Störungen in der Hirnentwicklung und Hirnfunktion des Descendenten nachweisbar sind. Dann ist ihre Bedeutung eine sehr grosse
und nöthigt jedenfalls zur sorgfältigen ärztlichen Beobachtung des Angeschuldigten.

Nächst der Erblichkeitsfrage hat ein gewissenhafter
Untersuchungsrichter sein Augenmerk darauf zu richten,
ob eine strafbare That nicht vielleicht in einer Alters- Wichtigkeit
gewisser
und Lebensperiode begangen worden ist, in welcher erfah- Alters- und
Lebens-
rungsgemäss die geistigen Funktionen noch nicht genügend perioden.
entwickelt sind oder in welchen geistige Störung nicht
selten, namentlich bei erblich Belasteten oder auch blos
Veranlagten vorkommt.

Als solche Lebensperioden sind anzuführen: das kind-
liche und jugendliche Alter, speciell das Alter der Geschlechtsentwicklung (Pubertät), die Zeit der Menstruation,
die Schwangerschaft, der Gebärakt, das Wochenbett, die
Zeit der geschlechtlichen Rückbildung beim Weib (Klimacterium) und das höhere Greisenalter bei beiden Ge-
schlechtern.

Das Alter der strafrechtlichen Unreife (Kindheit und Unmündigkeit). In richtiger Würdigung der
Thatsache, dass erst von einem gewissen Alter an die

Alter der
strafrecht-
lichen Un-
reife.
Deutsch. St.-
G.B. § 55—57.
Oest. St.G B.
§ 2. 237, 269
bis 273.
Oest. St.G.-
Entw. § 60
bis 63.

Hirnentwicklung und Erziehung eine solche Höhe erreicht
haben, dass die Bedingungen der Zurechnungsfähigkeit vermuthet werden können, verzichtet die Strafgesetzgebung
auf die strafgerichtliche Verfolgung des Kindes überhaupt.
Als Termin der strafgerichtlichen Verfolgbarkeit ist von
der deutschen Strafgesetzgebung und dem österr. Ent-
wurf (§ 61) das 12., von dem heute noch geltenden Oesterr.
St.G.S. das 10. zurückgelegte Lebensjahr festgesetzt. Je
nach Klima, Race, Culturzustand der Bevölkerung wird
dieser Zeitpunkt von der territorialen Strafgesetzgebung
früher oder später normirt.

Insofern die strafrechtliche Reife nicht plötzlich, sondern allmählig erreicht wird, muss zwischen die Alters-
periode der fehlenden Zurechnungfähigkeit des Kindes und
die der vollzurechnungsfähigen Erwachsenen eine Alters-
periode der zweifelhaften Zurechnungsfähigkeit (Alter der
Unmündigkeit) eingeschoben werden. Dieses Lebensalter
wird von der deutschen Strafgesetzgebung und von dem
österr. Strafgesetzentwurf auf das 12. bis 18. Lebensjahr
normirt. Der Staat hält sich, da in diesem Alter das
Rechtsbewusstsein schon erwacht ist, für verpflichtet ein-
zuschreiten, aber jenes ist noch unvollkommen und fraglich. Eine Präsumption für und wider ist unzulässig.
Der Fall muss als ein concreter beurtheilt werden. Das

Unterschei-
dungsver-
mögen bei
jugend-
lichen Ver-
brechern.
Deutsch. St.-
P.O. § 298.
Deutsch. St.-
G.B. § 56. 57.
Oest. Entw.
§ 61. 62.

gesetzliche Kriterium für die Beurtheilung des jugendlichen
Verbrechers ist die „zur Erkenntniss der Strafbarkeit (der
Handlung) erforderliche Einsicht". Der Richter ist einzig
competent zur Beurtheilung ihres Vorhandenseins oder
Fehlens. Diese Entscheidung kann eine sehr schwierige
sein. Der Gesetzgeber hat den Begriff des Unterscheidungsvermögens nirgends definirt. Dem Geist und Wortlaut
der Gesetzgebung nach kann es nur als das Bewusstsein
von der Bedeutung der strafbaren That in ihren rechtlichen Wirkungen, das zugleich die Kenntniss ihrer möglichen Folgen in sich begriff, gedeutet werden. (Besitz
der „erforderlichen Einsicht zur Erkenntniss der Strafbar-

keit der bezüglichen That".) In der Regel wird der Richter
zur Beurtheilung des geistig körperlichen Reifezustands eines
jugendlichen Verbrechers, als eines physiologischen allein befähigt sein und die Zuziehung eines ärztlichen Sachverständigen nur erforderlich erscheinen, wenn Anomalien der
körperlich geistigen Entwicklung oder Verdacht auf geistige
Erkrankung sich ergeben. Der Richter muss ganz besonders
berücksichtigen, dass die vom Gesetz angenommene Alters-
gränze der criminellen Unreife eine willkürliche ist und
dass die körperlich geistige Entwicklung nicht bei allen
Individuen, sondern nur bei der Mehrzahl mit dem ab-
gelaufenen 18. Lebensjahr erreicht ist. Durch erblich schädigende Einflüsse, durch die sog. englische Krankheit, Hirnerkrankungen (Convulsionen) in jungen Jahren, durch schwere
Allgemeinerkrankungen wie z. B. Typhus, Kopfverletzungen,
Bleichsucht, gestörte Entwicklung der Geschlechtsorgane
kann die Entwicklung eine verzögerte sein. Zudem ist
nicht zu vergessen, dass erst mit vollendetem 21. Lebensjahr das Gehirn seine volle Entwicklungshöhe erreicht hat und
dass die psychische Leistungs- resp. die Zurechnungsfähigkeit
von der Entwicklungsstufe des psychischen Organs abhängt.
Solche Entwicklungsverspätungen können ein Individuum
trotz erreichter Altersreife einem solchen vor zurückge-
legtem 18. Jahr gleich machen und je nach Umständen
die Zurechnungsfähigkeit aufheben oder wenigstens die
Wohlthat mildernder Umstände bedingen.

Bei jugendlichen Verbrechern von 12—18 Jahren muss
die Frage der Zurechnungsfähigkeit speciell gestellt und
die Vorfrage des vorhandenen oder fehlenden Unterscheidungsvermögens entschieden werden. (Deutsch. St.P.O. §298.)
Der Richter hüte sich, ein solches vorschnell und einseitig
aus einzelnen Kundgebungen der Intelligenz, aus isolirten
moralischen oder intellektuellen Urtheilen, aus einer gewissen Schlauheit oder Bosheit zu erschliessen. Er muss
sich sein Urtheil aus der Gesammtpersönlichkeit zu bilden
suchen. Das Zeugniss des Lehrers, welches erhoben wird,

berücksichtigt einseitig die intellektuelle Begabung und
ermisst die Persönlichkeit an dem Mass des Erlernten,
das Zeugniss des Geistlichen verwerthet nur die Katechis-
mus- und Moralkenntnisse, ohne zu prüfen, ob sie verstanden und nicht blos eingelernt wurden. Der Richter ist zu
sehr geneigt, nach dem Satz „malitia supplet aetatem" zu
urtheilen und nimmt ein inquisitorisch oder durch Sug-
gestivfragen ermitteltes oder hineinexaminirtes Schuldbewusstsein für ein schon zur Zeit der That bestandenes.
Er übersieht dabei leicht, dass vielfach solchen halbkindischen
Leuten erst nach der That, wenn sie den angerichteten
Schaden überschauen, die Folgen der That empfinden, von
Angehörigen, Gefängnissbeamten etc. darauf aufmerksam
gemacht worden sind, die Augen aufgehen.

Der Richter möge sich ferner hüten, dass er ein abstraktes theoretisches Strafbarkeitsbewusstsein nicht mit
dem concreten zusammenwirft. Er übersehe nicht, dass
die abstrakte Kenntniss des Sitten- und Strafgesetzes noch
nicht die Fähigkeit involvirt, den eigenen concreten Fall
unter diese allgemeinen Anschauungen unterzuordnen. Dieses
Bewusstsein von Gut und Bös, Recht und Unrecht ist oft
noch lange ein oberflächliches, intellektuell noch nicht ab-
geklärtes, das sich zudem mehr weniger instinktiv geltend
macht. Urtheil und Erfahrung sind noch dürftig, die Re-
flexion eine oberflächliche und beim geringsten Affekt
gänzlich darniederliegende.

Aber auch auf die Qualität der verübten strafbaren
Handlung muss die Beurtheilung des Unterscheidungsvermögens Rücksicht nehmen.

Ein Diebstahl wird gewiss eher und früher als Unrecht erkannt als eine Fundverheimlichung oder Urkunden-
fälschung oder gar eine hochverrätherische Handlung oder
Majestätsbeleidigung! Die Möglichkeit, die Folgen einer
Brandstiftung vorauszusehen, wird eher anzunehmen sein
als die der eventuellen Folgen einer muthwilligen Beschä-
digung einer Canalschleuse oder eines Eisenbahngeleises.

Der nachgewiesene Mangel des Unterscheidungsvermögens macht den jugendlichen Verbrecher dem Kind unter 12 Jahren gleich; sein Vorhandensein verbürgt jedoch noch nicht die Zurechnungsfähigkeit, deren zweite Bedingung die Selbstbestimmungsfähigkeit ist. Diese muss vorerst erwiesen sein, um die Zurechnungsfähigkeit als vorhanden annehmen zu können. Gerade bei jugendlichen Verbrechern ist trotz vorhandenem Unterscheidungsvermögen der Mangel eines genügend erstarkten, auf rechtliche, sociale, ethische Anschauungen sich stützenden Willens denkbar.

Einsicht in die Strafbarkeit und Folgen einer Handlung gewährleistet noch nicht die sofortige Geltendmachung und das Uebergewicht der aus jener Einsicht geschöpften Gegenmotive. Zeigt doch gerade das psychologische Studium der Unmündigen ein grosses Gewicht der sinnlichen Antriebe, einen noch wenig geübten und gekräftigten Mechanismus der Selbstbestimmung, wobei die rechtlichen und moralischen Urtheile nur erst lose haften, noch nicht in Fleisch und Blut übergegangene Bestandtheile des Ich sind. Offenbar auf Grund dieser Thatsachen straft die Gesetzgebung den jugendlichen Verbrecher, selbst wenn er Unterscheidungsvermögen besitzt, milder als den Erwachsenen. Eben daraus folgt, dass die Gesetzgebung bei dem Unmündigen, welcher die „erforderliche Einsicht" besitzt, eine (zwar nicht „verminderte" aber) unentwickelte, nichtvollentwickelte Zurechnungsfähigkeit annimmt; ferner, dass im Sinne des Gesetzes die „erforderliche Einsicht" nicht gleichbedeutend ist mit Zurechnungsfähigkeit.

Es ist ein Vorzug der neueren Strafgesetzgebung, dass sie das Alter der zweifelhaften strafrechtlichen Reife bis zum zurückgelegten 18. Lebensjahr hinausgeschoben hat, insofern in diese Altersjahre die für das geistige Leben so wichtige Geschlechtsentwicklung fällt.

Nie sollte der Richter diese bedeutsame biologische Lebensphase, gleich den anderen in der Folge zu erwähnenden unberücksichtigt lassen.

Unterscheidungsvermögen involvirt noch nicht Selbstbestimmungsfähigkeit.

Alter der Pubertätsentwicklung.

An und für sich beweist das Vorkommen einer strafbaren That in einer solchen Lebensphase gar nichts gegen
ihre Zurechenbarkeit, aber eine gesteigerte Vorsicht ist
richterlicherseits jedenfalls geboten und an sich geringfügige Auffälligkeiten in dem Benehmen des Inhaftirten
gewinnen eine gewisse Bedeutung und mahnen zur genauen
Prüfung.

Die Pubertätsentwicklung ist eine der bedeutsamsten
Lebensphasen, weil das Hereintreten des Geschlechtsfaktors
in das Gefühls- und Vorstellungsleben ganz geänderte Beziehungen zur Aussenwelt hervorruft und die Grundlage
abgibt, auf welcher die ganze Summe der socialen und
ethischen Gefühle des künftigen Charakters sich entwickelt.
Es geschieht leicht, dass der mehr oder minder rasch sich
vollziehende organisch-psychische Umwandlungsprocess das
Seelenleben gewaltig und krankhaft beeinflusst und bei
keinem Individuum dürfte es je ohne erhebliche Schwankungen der Gefühlslage, die dann in sentimentalen, hypo-
chondrischen, weltschmerzlichen Stimmungen, romanhaften
Gedanken, religiöser Schwärmerei u. dgl. ihren Ausdruck
finden, abgehen. Häufig bewirken Störungen in der Entwicklung der Geschlechtsorgane, Bleichsucht, zufällige körperliche Erkrankungen, geschlechtliche Ausschweifungen, wie
Häufigkeit z. B. Onanie, geradezu krankhafte Seelenzustände, nament-
krankhafter lich bei erblicher Anlage. Die Statistik erweist wenig-
Seelenzu- stens, dass bei erblich Belasteten der Procentsatz der
stände im Geistesstörung die höchste Ziffer im 16.—20. Lebensjahr,
Pubertäts-
alter. offenbar auf Grund der Pubertätsvorgänge, erreicht. Neben
Hysterie, Epilepsie und andern Nervenkrankheiten mit
häufiger Complication geistiger Störung kommen ganz besonders häufig hier Zustände von Melancholie vor, die sich
dann vielfach als Heimweh objektiviren, mit Angstgefühlen,
Sinnestäuschungen, Zwangsideen verbinden und in strafbaren Handlungen — meist Brandstiftung oder selbst Tödtung anvertrauter Kinder — sich entäussern. Die Häufigkeit
der Brandstiftungen im Entwicklungsalter hat zur Irrlehre

einer Brandstiftungsmonomanie geführt, indem man nur
die That und ihre Umstände ins Auge fasste und mit
Uebersehung der jene bedingenden Verhältnisse entschieden
pathologisch motivirte Brandlegungen mit aus Rache, Schaden-
freude, Muthwillen, Nachahmungslust einfach kindischer
haltloser junger Leute motivirten zusammenwarf und zur
Erfindung einer Pyromanie verwerthete, die nun wie alle
anderen Monomanien längst von der vorgeschrittenen Wissenschaft beseitigt ist.

Sog. Brand-<br/>stiftungs-<br/>trieb.

Nicht ohne Bedeutung sind auch die periodisch wiederkehrenden Vorgänge der Menstruation für das Geistesleben. Bei den meisten Frauen zeigt sich vor und während
dieser Zeit eine gesteigerte nervöse und auch gemüthliche
Erregbarkeit und bei gebärmutterkranken, namentlich aber
bei erblich veranlagten und belasteten Weibern kann der
Vorgang der Menstruation zu den heftigsten Affekten, ja
sogar zu temporärer Geistesstörung Anlass geben.

Menstrua-<br/>tion.

Es wäre geboten, bei der Einlieferung einer weiblichen
im zeugungsfähigen Alter stehenden Gefangenen durch
den Arzt des Inquisitenspitals ermitteln zu lassen, ob die
Inhaftirte sich in Menstruation befindet oder wann sie zum
letztenmal menstruirt war. Wie bedeutungsvoll eine solche
Thatsache im Criminalforum werden kann, lehrt ein in
Hitzig's Zeitschrift für Criminalrechtspflege (1827, Juli u.
Aug.) mitgetheilter Fall einer Mutter, die ihr Kind ertränkt
hatte. Niemand ahnte einen unfreien Geisteszustand zur
Zeit der That. Die unglückliche Mutter war derselben
geständig und wurde zum Tod verurtheilt. Kurz vor der
Hinrichtung theilte sie einer Mitgefangenen mit, sie habe
sich geschämt dem Richter zu sagen, dass sie zur Zeit der
That ihre Periode hatte, eine Zeit, zu welcher sie regel-
mässig von einer ihr unerklärlichen inneren Angst und Unruhe gequält werde und an Lebensüberdruss leide. Die
Vollstreckung des Urtheils wurde vertagt, die Thäterin
während mehrerer Menstruationstermine gerichtsärztlich beobachtet, wobei sich ergab, dass sie zu dieser Zeit jeweils

an Schlaflosigkeit, Kopfweh, Congestionen, Bangigkeit, Puls-
beschleunigung bis zu 130 Schlägen, Lebensüberdruss und
allen Erscheinungen einer tiefen Melancholie litt. Die Unglückliche wurde freigesprochen.

*Schwanger-*
*schaft.*

Auch die Schwangerschaft führt durch die ein-
greifenden Aenderungen von Blutumlauf und Stoffwechsel,
die in ihrem Gefolge eintreten, nicht selten zu schweren
Nervenkrankheiten (Veitstanz, Hysterie, Epilepsie) und
davon abhängigen psychischen Anomalien, sowie auch zu
ausgesprochener psychischer Erkrankung, namentlich in den
drei letzten Monaten ihres Bestehens. Besondere Beach-

*Schwanger-*
*schafts-*
*gelüste.*

tung verdienen Diebstähle in der Schwangerschaft, die der
Volksglaube auf sog. unwiderstehliche oder in ihrer Nicht-
befriedigung für die Frucht verhängnissvolle Gelüste zu
beziehen geneigt ist. In der Regel handelt es sich um
diebische Weiber, die sich das erwähnte Vorurtheil zu
Nutze machend, einfach stehlen. Daneben kommen aber
auch entschieden Diebstähle aus pathologischen Motiven
vor und zwar auf Grund von krankhaften Stimmungen,
Begehrungen, Zwangsvorstellungen bei Hysterischen oder
auch melancholisch Verstimmten. Meist sind diese Gelüste
auf Befriedigung des Nahrungstriebs, freilich in nicht selten
perverser absonderlicher Geschmacksrichtung ausgehend.
Verdächtig ist es immerhin, wenn die Gelüste auf Werth-
objekte gerichtet sind.

Der Richter wird die Umstände des Falls, die sociale
Stellung der Diebin, den Werth und die Art der Verwendung der gestohlenen Gegenstände in Erwägung zu
ziehen haben. Es wird wichtig sein zu ermitteln, ob die
Betreffende ausserhalb der Schwangerschaft niemals sich
Unredlichkeiten zu Schulden kommen liess, dagegen etwa
in früheren Schwangerschaften gestohlen hat. Der absolute
Unwerth einer gestohlenen Sache wird nicht belanglos sein,
aber aus dem Werth derselben lässt sich an und für sich
nichts folgern. Die Zurückgabe eines Gegenstands kann
auch aus Schamgefühl unterlassen worden sein. Ganz

monströse Gelüste werden immer Verdacht auf pathologische
Bedingungen erregen. Bei erheblichem Verdacht wird die
gerichtsärztliche Untersuchung des Falls sich empfehlen.
Nur Gelüste, die als Theilerscheinung einer psychischen
oder überhaupt einer Nervenkrankheit nachgewiesen werden,
können eine entlastende Bedeutung in der Zurechnungsfähigkeitsfrage gewinnen.

Dem Zustand, in welchem sich die Gebärende in und
nach dem Gebärakt befindet, trägt die Gesetzgebung
schon dadurch Rechnung, dass sie die Tödtung des Kindes
oder dessen Tod in Folge absichtlich unterlassener Hülfe-
leistung mit einer verhältnissmässig milden Strafe ahndet,
eingedenk der Thatsache, dass in diesem geistig und körperlich erschütternden und aufregenden Zustand die Verwerthung sittlicher und rechtlicher Gegenmotive gegenüber
dem Gedanken, sich des Kindes zu entledigen, namentlich
bei unehelich Gebärenden erheblich erschwert ist.

Gebärakt.
Oesterr. St.-
G.B. § 139;
Deutsch.St.-
G.B. § 217;
Oesterr. St.-
G.Entw.
§ 228.

Ein affektvoller Zustand, oft schon lange vor der Geburt hervorgerufen durch Scham über die verlorene Geschlechtsehre, Sorge um die Zukunft, namentlich bei Verlassensein vom Geliebten, durch Verstossensein von der Familie, lieblose Behandlung der Umgebung, materielle Noth,
gesteigert durch den Schrecken bei der herannahenden, oft
hülflosen Niederkunft, zur Höhe der Verzweiflung getrieben
durch die Schmerzen der Geburt, ist hier wohl immer vorhanden und rechtfertigt die milde Beurtheilung des Mords
des Kindes, als der Quelle all des Jammers.

Der Richter wird auch die anthropologische Seite der
Persönlichkeit zu würdigen haben und in Anomalien des
Charakters (Excentricität, abnorme Gemüthsreizbarkeit,
geistige Beschränktheit) mildernde Umstände erkennen,
die auch das humane Strafgesetzbuch der Neuzeit zulässt.

Von besonderer Wichtigkeit ist aber die Thatsache,
dass die mächtig psychisch und somatisch irritirenden Vorgänge der Geburt nicht selten vollständig unfreie Geisteszustände während des Gebärakts herbeiführen und damit

die Zurechnungsfähigkeit vollkommen aufheben. Diese sind nicht leicht zu erkennen und nachzuweisen und da sie immer durch krankhafte Bedingungen hervorgerufen sind und krankhafte Geisteszustände (Bewusstlosigkeit) darstellen, ist richterlich die höchste Vorsicht geboten und eine rein psychologische Beurtheilung unzulässig.

*Zustände von Bewusstlosigkeit bei Gebärenden.* Diese Zustände krankhafter Bewusstlosigkeit können ebensowohl die eigene Fürsorge für das Kind im Fall einer heimlichen hülflosen Niederkunft unmöglich machen, als die sinnesverwirrte, in transitorischer Geistesstörung befindliche Mutter zu einem aktiven Vorgehen gegen das soeben geborene Kind treiben.

Zustände krankhafter Bewusstlosigkeit im engeren Sinn sind durch Erschöpfung in Folge der Geburt oder durch ungewöhnlich starke Blutverluste motivirt, in seltenen Fällen durch Erstarrungszustände bei Hysterischen. Das Kind bietet in solchen Fällen keine Spuren von Vergewaltigung, sein Tod ist durch Ersticken im Bettwerk, in Koth, Blut der Mutter, Verblutung durch Nichtunterbindung der Nabelschnur, Erfrieren durch mangelnde Bedeckung, Erwärmung bedingt und erklärt. Die Mutter wird vielleicht noch ohnmächtig an der Stelle der Geburt vorgefunden.

Die transitorischen Irreseinszustände während und nach der Geburt sind bis zur Höhe der Sinnesverwirrung und Bewusstlosigkeit gesteigerte Affekte, die durch das Uebermass der Wehenschmerzen, durch mächtig wirkende moralische Ursachen, durch besondere krankhafte Dispositionen hervorgerufen sind, oder es handelt sich um Anfälle von sogenannter Mania transitoria oder Raptus melancholicus, um eclamptische, epileptische oder hysterische Nervenzufälle mit Delirium oder um Delirien eines entzündlichen Fiebers.

*Bedeutung der Amnesie.* Psychologisch ist hier aufgehobene Erinnerung für Geburtsvorgang und That für den Richter ein Fingerzeig, dass pathologische Vorgänge im Spiel waren. Die sofortige Ermittlung der Erinnerungslosigkeit durch das Verhör als einer thatsächlichen und die Feststellung ihres zeitlichen

Umfangs muss seine nächste Aufgabe sein. Die Art der
Tödtung des Kindes, insofern sie eine plan-, sinnlose, vielleicht grässliche war, keine Anstalten zur Verwischung
der Spuren der That getroffen wurden, anderweitige An-
zeichen eines zerstörenden unbewussten Handelns aus den
Umständen der That sich ergeben, werden den bezüglichen
Verdacht bestärken und den Richter veranlassen, Sachver-
ständige zu rufen, selbst wenn die allgemein psychologischen
Momente des Falls (schlechter Leumund, uneheliche Ge-
burt, geäusserte Absicht das Kind zu tödten, verheimlichte
Schwangerschaft, absichtlich hülflose Niederkunft) für die
Zurechnungsfähigkeit Indicien abgeben sollten.

Auch im weiteren Verlauf des durchschnittlich sechs Wochenbett.
Wochen dauernden Rückbildungsprocesses der Gebärmutter
(Wochenbett) sind geistige Störungen bei der geschwächten
Entbundenen häufig und leicht die Ursache von Gewalt-
thaten gegen die Umgebung, besonders gegen das Kind.
Auch Affekte in dieser Zeit, namentlich Verzweiflungsaffekte
beim Verlassen des Geburtsasyls und der nun über die
Mutter hereinbrechenden Noth des Lebens verdienen be-
sondere Berücksichtigung, da sie analoge Seelenzustände
darstellen können wie gleich nach der Geburt.

Im Allgemeinen werden geistige Störungen im Wochenbett besonders häufig in den ersten Tagen nach der Entbindung, sowie in den letzten Wochen beobachtet. Die
Irreseinszustände in den ersten Tagen sind transitorische,
analog denen zur Zeit der Entbindung, oder chronische.
Die in den letzten Wochen auftretenden sind Melancholien
oder Tobsuchten von längerem Verlauf und dadurch leichter
nachweisbar.

Auch die Zeit der geschlechtlichen Rückbildung Zeit der ge-<br>schlecht-
(Klimacterium) beim Weib ist von Bedeutung für das lichen Invo-<br>lution beim
Forum, insofern bei etwa 6 % der weiblichen Irren in Irren- Weib.
häusern dieser körperliche Vorgang als Ursache ihrer Krankheit nachgewiesen wird. Der Beginn dieses Lebensalters
ist gewöhnlich die Mitte der 40er Jahre, zuweilen be-

ginnt es auch früher oder später, im Allgemeinen etwa
30 Jahre seit dem Eintritt der Periode. Die Dauer des
Involutionsprocesses kann Jahre betragen.

Das Irresein in diesem Lebensalter hat häufig geschlechtliche Beziehungen (Verfolgungswahn mit feindlicher
Reaktion gegen die Umgebung, ferner Eifersuchtswahn
gegen den Ehemann mit Lebensbedrohung desselben).

Greisen-<br>alter.

Die Involution des Körpers im höheren Alter
betrifft auch das Gehirn und ändert damit Charakter und
geistige Leistungsfähigkeit. Neben dem Nachlass der intellektuellen Kräfte ist oft früh schon und viel ausgesprochener als der intellektuelle Verfall ein Schwund der
ethischen Gefühle und sittlichen Correktive bemerklich.
Kommen dazu noch geschlechtliche Erregungsvorgänge, wie

Sittlich-<br>keitsver-<br>gehen von<br>Greisen be-<br>gangen.

dies nicht selten ist, so werden leicht Unzuchtsvergehen,
namentlich an kleinen Kindern begangen, da der moralisch
und intellektuell geschwächte Greis seine geschlechtlichen,
zudem oft in krankhafter Stärke hervortretenden Neigungen
nicht mehr zu bemeistern vermag. Die Erfahrung lehrt,
dass dieser Thatsache in foro nur selten gebührende Rechnung getragen wird.

Auch Gemüthsleiden kommen auf dem Boden der
senilen Degeneration gelegentlich vor und führen nicht
selten zu schweren Gewaltthaten gegen die Enkel aus
Wahn, dass Alles zu Grunde gehe und ein trostloses Dasein
jenen bevorstehe, ferner Verfolgungswahn mit feindlichen
Akten gegen die Umgebung und gerichtlichen Klagen
wegen vermeintlicher Beraubung und Lebensbedrohung.

Die vorausgehenden Thatsachen psychiatrischer Erfahrung sind geeignet, dem Untersuchungsrichter die ganze
Schwierigkeit und Verantwortlichkeit seiner Aufgabe, einen
zweifelhaften Geisteszustand nicht zu übersehen, klar zu
machen. Die Berufung der Experten zur Klärung eines
dem Richter zweifelhaft erscheinenden Geisteszustands muss
seinem Ermessen und Gewissen anheimgestellt bleiben. Wohl
aber ist die Frage am Platz, unter welchen Umständen er

gut thun dürfte, sofort eine gerichtsärztliche Untersuchung des Geisteszustands eines Verbrechers zu verfügen? Sie erscheint räthlich:

Verbrechen, bei welchen unter allen Umständen eine gerichtsärztliche Untersuchung wünschenswerth wäre.

1. Bei vorhandener erblicher Belastung.
2. Bei Trunksüchtigen, Epileptischen, Hysterischen.
3. Bei Individuen, die schon einmal geisteskrank waren.
4. Bei Mordthaten, in deren Begehung eine auffällige Grausamkeit sich zeigt.
5. Bei Sittlichkeitsverbrechen, wenn sie von Individuen im Greisenalter begangen wurden oder in perverser Weise (an Personen desselben Geschlechts, an Thieren oder Leichen) oder mit Mord des Opfers der Lüste ausgeführt waren.
6. Bei Verbrechen gegen das Leben des Kindes in und nach dem Gebärakt.
7. Bei Gewohnheitsverbrechern, überhaupt bei Personen von exemplarisch schlechter Aufführung, soferne der sittliche Defekt aus Fehlern oder Mangel der Erziehung nicht erklärbar ist.
8. Bei Individuen, die sich ihrer strafbaren That nicht zu erinnern behaupten und bei welchen sich das thatsächliche Fehlen der Erinnerung aus den Umständen und Vernehmungen ergibt.

Unter solchen Umständen, aber überhaupt da, wo sich dem Richter eine Vermuthung für das Bestehen eines geistig abnormen Zustands ergibt, erscheint es wünschenswerth, dass unter allen Umständen und zwar von Amtswegen dem Inculpaten zur Wahrnehmung seiner Interessen ein Vertheidiger bestellt werde (vgl. Deutsche St.P.O. § 140—143, Oesterr. St.P.O. § 41. 45. 220. 347).

Ebenso erscheint die Forderung einer Voruntersuchung in solchen Fällen gerechtfertigt, denn wie sich aus dem Folgenden ergeben wird, bedarf die Ermittlung der auf einen zweifelhaften Geisteszustand Bezug habenden Verhältnisse genügender Zeit und ist in der Hauptverhandlung nicht mehr befriedigend möglich. Wird in Fällen, welche schon dem Untersuchungsrichter bezüglich des Geisteszu-

standes zweifelhaft erscheinen, von Amtswegen ein Vertheidiger aufgestellt, so wird es eine seiner ersten Aufgaben sein, die nöthige Voruntersuchung zu beantragen.
Freilich steht nach der jetzigen Deutschen St.P.O.
das Recht, eine solche zu verlangen, dem Angeschuldigten zu,
aber beim wirklich Geisteskranken wird dieses Recht illusorisch, da derselbe in der Regel kein Bewusstsein seiner
Krankheit hat und deshalb eine Voruntersuchung nicht begehren wird. Es wäre zu wünschen, dass wenigstens der
Staatsanwalt in solchen Fällen von seiner bezüglichen Be-
fugniss im Interesse des Rechts und der Wahrheit Gebrauch
machte. (Vgl. Deutsche St.P.O. § 176. 199, Oesterr.
St.P.O. § 90. 91. 427.)

Die Strafprocessordnung (Oesterr. § 119, Deutschland
§ 73) überlässt es dem Untersuchungsrichter, indem sie
ihm vollkommen freie Hand lässt, alles zur Erforschung
der Wahrheit Geeignete zu verfügen, Sachverständige seiner
Wahl mit der gerichtsärztlichen Untersuchung des ihm zweifelhaft erscheinenden Geisteszustands zu betrauen. Die Oesterr.
St.P.O. § 118. 132. 134 verlangt zwei Sachverständige, die
deutsche leider nur einen.

Richtige<br>Wahl der<br>Sachver-<br>ständigen. Von der richtigen Wahl der Sachverständigen hängt
zum grossen Theil die Sicherheit der Rechtsprechung ab
und es wäre eine dringende Pflicht des Staates, dem Richter
zur Aufklärung eines zweifelhaften Geisteszustands vollkommen verlässliche und geeignete Aerzte zur Verfügung
zu stellen. Leider ist weder in Oesterreich noch in Deutschland diese eigentlich selbstverständliche Forderung erfüllt.

Qualifika-<br>tion eines<br>Sachver-<br>ständigen. Um als Sachverständiger in Fragen zweifelhafter geistiger Gesundheit ein zweckentsprechendes Urtheil abgeben
zu können, ist, wie bei jeder anderen Erfahrungswissen-
schaft, ein eingehendes Studium Geisteskranker unerlässlich.
Theoretisches Studium reicht bei einer so eminent praktischen und auf Beobachtung sich gründenden Wissenschaft,
wie sie die gerichtliche Psychopathologie darstellt, keineswegs aus.

Nur das längere Studium der Geisteskranken in Irrenanstalten oder psychiatrischen Kliniken und der durch eine
Staatsprüfung ausgewiesene Besitz von psychiatrischen Kenntnissen verbürgt die Qualifikation eines Sachverständigen in
Fragen zweifelhafter Geistesgesundheit. Der Staat glaubt
seinen Pflichten entsprochen zu haben, wenn er da und dort
auf Universitäten psychiatrische Lehrstühle errichtet, aber
er bindet weder durch eine Prüfungsordnung den Studenten
an den Besuch dieser Lehranstalten, noch verlässigt er sich
durch eine Prüfung, ob der angehende Arzt Kenntnisse in
diesem wichtigen Zweig der Medicin sich erworben hat.
Erfahrungsgemäss macht nur ein geringer Theil der Medi-
ciner von der ihnen gebotenen Gelegenheit, sich psychiatrische Kenntnisse zu erwerben, Gebrauch. Die grosse Menge
der Aerzte bleibt vollkommen unerfahren und wird doch
vom Richter als sachverständig in Fällen fraglicher Geisteskrankheit benutzt. Ja der Arzt ist sogar gesetzlich verpflichtet, einer derartigen Aufforderung Folge zu leisten.
(Vgl. Deutsche St.P.O. § 75, Oesterr. St.P.O. § 119, Al. 2.)
Bei dieser Lage der Dinge ist der Sachverständige nur der
Form nicht aber dem Wesen nach Sachverständiger und
ist es nicht zu wundern, wenn schlechte Gutachten und
fehlerhafte Urtheile sich ergeben. Die sog. Physikatsexa-
mina in Oesterreich und Deutschland, in welchen forensische Psychologie übrigens eine untergeordnete Rolle spielt,
sind hoffentlich ein Uebergang zu einer staatlichen Ver-
pflichtung für jeden Arzt, Psychiatrie praktisch zu studiren
und darüber ein Examen zu bestehen.

Bis zur Erfüllung dieses berechtigten Wunsches möge
der gewissenhafte und nicht blos einer Gesetzesbestimmung
formell Rechnung tragende Richter, bevor er Sachverständige
beim Gericht anstellt oder ad hoc beruft, bedenken, dass
nicht jeder zur Praxis berechtigte Arzt auch eo ipso sachverständig in gerichtlich-psychologischen Fragen ist.

Recht und Pflicht der Medicin, auch in Fragen zweifelhafter geistiger Gesundheit ihr Votum abzugeben, ist heut-

Competenz
der ärzt-
lichen Wis-
senschaft in
psychiatri-
schen
Fragen.
Deutsch. St.-
P.O. § 73- 83,
238—257;
Oesterr. St.-
P.O. § 134.

zutage nicht mehr fraglich und von der Gesetzgebung
(Deutsche St.P.O. § 73—83, 238—257; Oesterr. St.P.O.
§ 134) geregelt. Noch Kant wollte Fragen dieser Art der
philosophischen Fakultät zuweisen und Regnault (1830) be-
stritt die Competenz der Aerzte. Freilich waren die psychiatrischen Gutachten damals mehr philosophische Abhand-
lungen als medicinische Expertisen und mehr geeignet zu
verwirren als aufzuklären.

Stellung
und Aufgabe
des ärzt-
lichen Sach-
verstän-
digen.

Die Stellung des ärztlichen Sachverständigen im heu-
tigen Gerichtsverfahren ist nicht die eines Zeugen — denn
er berichtet nicht blos Sinneswahrnehmungen über mit der
That in Verbindung stehende Thatsachen der Vergangenheit, sondern zieht aus einer Reihe solcher wissenschaftliche Schlüsse und belehrt den Richter über die Bedeutung
jener. Seine Stellung ist ferner weder die eines Gehülfen
des Richters — da die Willensfreiheit und die aus ihr sich
ergebende Zurechnungsfähigkeit ihn nichts angehen, noch
die eines „judex facti", denn er hat überhaupt nicht im
rechtlichen Sinne über Thatumstände ein Urtheil abzugeben, sondern nur Thatumstände nach Fachkenntniss zu
begutachten. Seine Stellung und Aufgabe ist vielmehr eine
eigenartige, eine sachverständige Aufklärung des Richters
über für die Thatfrage wesentliche biologische Thatsachen.
Diese sind Nachweisbarkeit oder Nichtnachweisbarkeit einer
krankhaften Störung der Geistesthätigkeit.

Besonders klar präcisirt die Aufgabe der ärztlichen
Sachverständigen der § 134 der Oesterr. St.P.O.:

„ . . . dieselben haben über das Ergebniss ihrer Beobachtungen Bericht zu erstatten, alle für die Beurtheilung
des Geistes- und Gemüthszustands des Beschuldigten einfluss-
reichen Thatsachen zusammenzustellen, sie nach ihrer Bedeutung sowohl einzeln als im Zusammenhang zu prüfen und, falls
sie eine Geistesstörung als vorhanden betrachten, die Natur
der Krankheit, die Art und den Grad derselben zu bestimmen und sich sowohl nach den Akten als nach ihrer eigenen
Beobachtung über den Einfluss auszusprechen, welchen die

Krankheit auf die Vorstellungen, Triebe und Handlungen des Beschuldigten geäussert habe und noch äussere und ob und in welchem Masse dieser getrübte Geisteszustand zur Zeit der begangenen That bestanden habe."

Wo bei einem Gerichte Sachverständige dauernd bestellt sind, hat der Untersuchungsrichter in erster Linie diese mit der Untersuchung zu betrauen. Der Richter braucht aber nach der Gesetzgebung nicht auf die gerichtsärztliche Leistung nicht berufsmässiger Gerichtsärzte zu verzichten, wenn besondere Fachkenntnisse in besonders schwierigen Fällen eine Zuziehung solcher wünschenswerth erscheinen lassen. Während der amtliche Gerichtsarzt unweigerlich einer gerichtlichen Aufforderung in foro Folge leisten muss, kann billigerweise für einen nicht berufsmässigen Arzt ein Zwang, als Sachverständiger in foro thätig zu sein, nur unter gewissen Umständen (Deutsche St.P.O. § 75; anders Oesterr. St.P.O. § 119 Al. 2) eintreten.

Berufung der Sachverständigen. Deutsch. St.-P.O. § 73; Oesterr. § 119.

Die nächste Aufgabe des Untersuchungsrichters nach der Berufung des Sachverständigen ist die, dass er ihm Zweck und Anlass seiner Berufung mittheile, ihm sämmtliches bereits verfügbares Beurtheilungsmaterial (Akten) zur Disposition stelle und ihm den uneingeschränkten Verkehr mit dem Exploranden gestatte. Es kann, namentlich bei fraglichen Fällen krankhafter Bewusstlosigkeit von Werth sein, dass der Sachverständige schon bei der Vornahme des Augenscheins am Thatort gegenwärtig sei.

Häufig ist die Voruntersuchung beim Eintreten des Sachverständigen in den Verlauf der Angelegenheit eine für die Gewinnung anthropologischer und klinischer Momente bezüglich der Person des Angeschuldigten ungenügende. Der Richter muss dem Verlangen des Sachverständigen nach Feststellung solcher Fragen, wie sie aus dem Verkehr mit dem Exploranden, aus Zeugenangaben, aus Vermuthungen und Behauptungen des Vertheidigers sich ergeben, entsprechen und Alles aufbieten, um zu einer

Ergänzung des Beurtheilungs- materials. Deutsch. St.- P.O. § 80. Oest. § 123.

wünschenswerthen Vervollständigung des Beurtheilungsmaterials zu gelangen. Dem Sachverständigen muss es gestattet sein, der Vernehmung von Zeugen beizuwohnen und selbst an sie Fragen zu stellen. (Deutsche St.P.O. § 80.)

Nothwendigkeit genügender Beobachtungszeit. Unerlässlich für eine erfolgreiche Thätigkeit des Sachverständigen ist, dass der Richter ihm genügende Zeit und passenden Ort zur Beobachtung gestatte.

Die Forderung ausreichender Zeit rechtfertigt sich aus der meist erforderlichen Umfänglichkeit der Vorerhebungen über die Person des Angeschuldigten, die in der Regel die wichtige anthropologische Seite der Persönlichkeit bisher unerörtert liessen, ferner aus der Häufigkeit zeitweiser Latenz des vielleicht nur periodisch sich äussernden Irreseins. Es können Monate erforderlich sein bis der Experte im Stande ist, ein entscheidendes Gutachten abzugeben und nur selten und bei gut charakterisirten Fällen von Irresein wird ein solches sofort möglich erscheinen. Das kann unbequem für den Richter sein, zumal, wenn erst nach längerer Dauer der Voruntersuchung sich Zweifel bezüglich der Geistesintegrität erhoben haben, aber er wird den Arzt, der gewissenhaft vorgeht, sich Zeit lässt, nicht tadeln noch drängen, sobald er die Schwierigkeit derartiger Untersuchungen eingesehen hat. Braucht doch auch der Richter zur Ermittlung des objektiven Thatbestands nicht selten viele Monate bis die Voruntersuchung abgeschlossen werden kann!

Passender Ort der Beobachtung. Deutsch. St.P.O. § 81. Nicht minder wichtig erscheint ein passender Ort für die Beobachtung. In schwierigeren Fällen, überhaupt da, wo eine unausgesetzte Beobachtung (Fälle fraglicher Simulation, Dissimulation, fragliche epileptische Anfälle) und zwar durch Geübte erforderlich ist, wird es sich empfehlen, den Angeschuldigten in ein Spital oder in eine Irrenanstalt zu versetzen. Jedenfalls ist ein befriedigender Erfolg im Gefängniss, wo die Gefangenwärter durch stets bereite Vermuthung von Simulation befangen sind und der Arzt nur ab- und zugehen kann und auf sich selbst angewiesen ist, fraglich.

Dem Verlangen des Sachverständigen, den Angeschuldigten zur genaueren Beobachtung in eine Irrenanstalt zu senden, sollten richterlicherseits keine Schwierigkeiten entgegengesetzt werden. Die Deutsche St.P.O. § 81 gestattet auch diese Massnahme, macht sie aber aus übelangebrachter Humanität für den Angeschuldigten unnöthigerweise von einem Gerichtsbeschluss abhängig, statt sie einfach dem Untersuchungsrichter zu überlassen und beschränkt leider die zulässige Dauer der Verwahrung auf 6 Wochen! Diese Frist wird sich zweifelsohne für viele Fälle unzureichend erweisen, zumal, da durch Versetzung in andere Verhältnisse ein wirklich Geisteskranker meist Aenderungen seines Verhaltens für einige Zeit zeigt.

Unter allen Umständen müsste der Direktion einer Irrenanstalt zugleich mit der Aufnahme eines solchen criminellen Exploranden das ganze bisherige Aktenmaterial zur Einsicht überlassen werden.

Von grosser Wichtigkeit ist eine präcise richtige Fragestellung an die Sachverständigen. Passende Fragestellung an die Sachverständigen.

Die deutsche Strafgesetzgebung hat einen grossen Fortschritt zu verzeichnen, indem sie statt früherer metaphysischer Begriffe (Vernunft, Willensfreiheit) und namentlicher, deshalb nie erschöpfender Aufführung von die Zurechnungsfähigkeit ausschliessenden Formen geistiger Krankheit, nur noch die allgemeinen und naturwissenschaftlich verständlichen Begriffe der krankhaften Störung der Geistesthätigkeit und der Bewusstlosigkeit als die Zurechnungsfähigkeit ausschliessende krankhafte Seelenzustände kennt. Logischerweise kann die Fragestellung des Richters im Sinne der Gesetzgebung nur darauf gerichtet sein, ob einer dieser Zustände oder beide zur Zeit einer strafbaren Handlung vorhanden waren. Nie sollte nach Zurechnungsfähigkeit oder Willensfreiheit gefragt werden. Es sind das Begriffe, welche die Naturwissenschaft nicht kennt und denen deshalb der Sachverständige als Laie oder mindestens als gewöhnlicher Bürger gegenübersteht.

Auch hier gibt die deutsche Gesetzgebung einen Wink,
insofern sie die ärztliche Frage nach der vorhandenen
krankhaften Störung der Geistesthätigkeit von der rein
richterlichen Frage der etwa dadurch aufgehobenen freien
Willensbestimmung trennt.

Aber eben in dieser zweiten Bedingung des Gesetzes-
paragraphs liegt eine weitere Forderung an den Sachverständigen.

Nicht jede krankhafte Störung der Geistesthätigkeit
hebt an und für sich die Zurechnungsfähigkeit auf, so wenig
als eine leichte Funktionsstörung irgend eines Organs schon
als Krankheit im medicinischen oder legalen Sinn betrachtet
werden kann, obwohl strengwissenschaftlich eine krankhafte Störung der Funktion des Organs vorhanden ist.

Auch im psychischen Organ kommen elementare funktionelle Störungen vor, die zwar für die Integrität des
Geisteslebens nicht belanglos sind, Berücksichtigung in foro
(mildernde Umstände) nöthig haben, aber weder den con-
ventionellen Begriff der Krankheit als eines Complexes von
Funktionsstörungen, noch den legalen als einer die Willensfreiheit aufhebenden Krankheit involviren. Der Begriff
der krankhaften Störung der Geistesthätigkeit ist wissenschaftlich eben ein weiterer als der sociale und legale.

Ebendeshalb konnte sich der Gesetzgeber nicht be-
gnügen, allgemein blosse krankhafte Störung der Geistesthätigkeit als die Zurechnungsfähigkeit ausschliessendes
Moment hinzustellen, ebenso wenig kann in concreto auf
das besondere Merkmal einer die Willensfreiheit aufhebenden krankhaften Störung der Geistesthätigkeit verzichtet
werden.

Wenn auch der Arzt die Frage nach der aufgehobenen
Willensfreiheit nicht beantworten kann und darf, so kann
und muss er jedoch in seiner Darstellung des etwa gefundenen krankhaften Geisteszustands auf das specielle Bedürfniss des Richters und den speciellen Zweck seiner
Exploration insofern Bedacht nehmen, als er nicht blos die

Symptome des Zustands ermittelt, sondern auch Umfang, Art und Grad der Funktionsstörung im geistigen Mechanismus mit besonderer Rücksicht auf die Fähigkeit der Unterscheidung und der Wahl zwischen verschiedenen Motiven derart klarlegt, dass es dem Richter nicht schwer fällt, daraus zu erkennen ob die krankhafte Störung der Geistesthätigkeit eine solche war, dass die freie Willensbestimmung ausgeschlossen war.

Gelingt dies dem Richter nicht, so ist der Fehler jedenfalls auf Seite des Sachverständigen. Diese in der Natur der Sache liegende und im Sinne der Gesetzgebung stattfindende Trennung der Aufgaben verhindert Uebergriffe in das Gebiet des Richters und kann einer gerechten Entscheidung in Fällen zweifelhafter Zurechnungsfähigkeit nur förderlich sein.

Seine sachverständige Deutung des gerichtsärztlichen Befunds hat der Experte mit Berücksichtigung der richterlichen Fragestellung in Form eines Gutachtens zu geben. Das Gutachten kann in der Voruntersuchung je nach dem Ermessen des Richters ein mündliches oder schriftliches sein. Die letztere Form hat jedenfalls den Vorzug schon deshalb, weil spätere Begutachtungen dadurch erleichtert werden. Es muss billigerweise dem Sachverständigen zustehen, eine Verbesserung der Fragestellung zu verlangen, indem er mit überzeugenden Gründen die Nothwendigkeit einer solchen nachweist.

Gutachten. Deutsch. St.-P.O. § 82. Oest. § 124.

Bei den verwickelten Fragen geistiger Krankheit sollte immer dem Gutachten die ausführliche Lebens- und Krankheitsgeschichte vorausgeschickt werden. Auf diese hat sich das Gutachten zu stützen. Nur aktenmässige Thatsachen dürfen den Schlüssen des Gutachtens zu Grunde gelegt werden. Befund und Gutachten müssen ausführlich, treffend, streng objektiv, in klarer Sprache mit thunlicher Vermeidung von Kunstausdrücken abgegeben werden.

Die Schlüsse des Gutachtens können für den rein seiner Ueberzeugung folgenden Richter nicht bindend sein, schon deshalb nicht, weil das Gutachten nicht die einzige Quelle ist, aus welcher er seine Beweise schöpft.

Richter-
liches Prü-
fungsrecht
des Gut-
achtens.
Deutsch. St.-
P.O. § 83.
Oest. § 126.
Jedenfalls muss ihm das unbeschränkte Prüfungsrecht des Gutachtens zuerkannt werden. Seinen wissenschaftlichen Werth kann er freilich nicht beurtheilen, wohl aber die Richtigkeit seiner Prämissen, die Logik seiner Schlussfolgerungen, die Genauigkeit der Ermittlung und Verwerthung der Thatsachen. Sind die dem Gutachten zu Grund gelegten Annahmen unrichtig, lückenhaft, die Beweise aus den Akten mangelhaft benutzt, die gezogenen Schlüsse unberechtigt, unbestimmt, vielleicht gar einander widersprechend, so ist der Richter nicht nur berechtigt, sondern sogar verpflichtet, ein derartiges Gutachten zu verwerfen, denn nur dann, wenn der Beweis durch Sachverständige dem Richter die volle Ueberzeugung verschafft hat, dass die nachgewiesene krankhafte Störung der Geistesthätigkeit die Freiheit der Willensbestimmung unmöglich gemacht hat, kann der Richter die Zurechnung als aufgehoben erklären und ein Verbrechen oder Vergehen aus diesem Mangel des subjektiven Thatbestands als nicht vorhanden anerkannt werden. Hat aber das Gutachten dem

Einstellung
des Ver-
fahrens.
Deutsch. St.-
P.O. § 168.
Oesterr.
§ 109. 213.
Gerichte diese Ueberzeugung verschafft, so ist es befugt, das Verfahren gegen den Angeschuldigten wegen mangelnder Zurechnungsfähigkeit einzustellen. Der Betreffende ist dann kein Objekt für die Strafrechtspflege mehr und es kann, falls er noch geisteskrank ist, nur noch polizeilich die Frage entstehen, ob er wegen durch die strafbare That erwiesener Gemeingefährlichkeit in einer Irrenanstalt zu verwahren ist. Diese Frage hat die Sicherheitsbehörde, welcher der Freigesprochene zugeführt wurde, zu entscheiden. Nie sollte diese Massregel aber Platz greifen bevor nicht der Kranke einer neuerlichen Prüfung seines Geisteszustands unterworfen wurde, denn dieser kann sich seit Erstattung des Gutachtens geändert haben, der Betreffende inzwischen genesen oder blödsinnig und unschädlich geworden sein.

In nicht seltenen Fällen ist der Richter jedoch durch

das Gutachten nicht befriedigt, insofern dessen Schlüsse
nicht beweisend oder unbestimmt sind, zudem kann der
Richter bei der Wichtigkeit und Schwere des Falls sich
bei der gutachtlichen Aeusserung eines oder zweier Sachverständigen nicht beruhigen.

Neuerliche
Erhebung
von Gut-
achten.
Deutsch. St.-
P.O. § 83.
Oesterr.
§ 125. 126.

Die Strafprocessordnung verpflichtet ihn dann sich an
andere Sachverständige zu wenden, von denen eine Aufklärung zu erwarten ist. (Oesterr. St.P.O. § 125, 126.
Deutsche § 83.) Gewöhnlich wird dann das Ersuchen um
Begutachtung an eine weitere Medicinalinstanz (Medicinalcollegium der Provinz in Preussen, medicinische Fakultät
in Oesterreich) gerichtet. Dasselbe ist der Fall, wenn die
Sachverständigen verschiedener Meinung waren und dissen-
tirende Separatgutachten abgegeben wurden.

Die Begutachtung in höherer Instanz leidet darunter,
dass in der Regel eine persönliche Untersuchung des Exploranden nicht statthaft ist und nach Lage der Akten ein
Gutachten abgegeben werden soll.

Das ist nur in seltenen Fällen befriedigend möglich
und die betr. Medicinalbehörde sollte sich nicht darauf einlassen, sondern die persönliche Beobachtung des zweifelhaften Zustands durch den Referenten fordern. Der ein-
sichtsvolle Richter wird diesem Verlangen Rechnung tragen.
Die Begutachtung durch ein Medicinalcollegium bietet keine
grössere Sicherheit als die durch einfache Gerichtsärzte und
der Richter möge bedenken, dass hoher Titel oder Amt nicht
gerade eine Bürgschaft für die Qualifikation des Sachverständigen sind. Schliesslich ist es doch in der Regel nur eine Person
des Collegiums, der Referent, welche das Gutachten erstattet.

Seitdem keine gesetzlichen Schwierigkeiten der Abgabe
eines zweifelhaft irren Verbrechers nach der Irrenanstalt
mehr gegenüberstehen, erscheint es zweckmässiger, in Fällen,
wie die oben vorgesehenen, den Exploranden einer Irrenanstalt
zuzustellen. Das Gutachten der Aerzte derselben, welche
doch am besten in der Lage sind, den fraglichen Kranken
zu beobachten und zu beurtheilen, wäre dann einzuholen.

## II. Der Geisteskranke vor dem erkennenden Richter.

Ist der Angeschuldigte während der Voruntersuchung
in Geisteskrankheit verfallen, so kann die vorläufige Einstellung des Verfahrens beschlossen werden (Deutsche St.P.O.
§ 203). Ergeben sich jedoch vor Abschluss der Voruntersuchung keine überzeugenden Beweise für einen krankhaften, die Zurechnungsfähigkeit ausschliessenden Geisteszustand oder sind die für einen solchen sprechenden Indicien nicht hinreichend für die Annahme der Unzurechnungsfähigkeit, so wird die Voruntersuchung geschlossen und das
Beweismaterial der Strafkammer des Gerichtshofs vorgelegt,
die nach vorgenommener Prüfung desselben gegen den Angeschuldigten das Hauptverfahren eröffnet. (Versetzung in
Anklagezustand.) Die beschliessende Strafkammer würde
jedenfalls gut daran thun, auch die Frage der Zurechnungsfähigkeit eingehend zu erwägen und, falls sie die für einen
geistig abnormen Zustand zur Zeit der That sprechenden
Indicien schwerwiegend genug findet, mit der Eröffnung
des Hauptverfahrens zuzuwarten, bis alle Zweifel behoben
sind. Es liesse sich dadurch manchen Härten und fatalen
Situationen, in welchen sich später die Rechtsprechung
Geisteskranken gegenüber befindet, begegnen.

Ist die Eröffnung des Hauptverfahrens verfügt, so muss
der Rechtsfall zum Austrag kommen. Nicht selten geschieht
es nun, dass, bevor über den Angeklagten in der Hauptverhandlung verhandelt wird, sich trotz Untersuchungsrichter
und Straf- bezw. Rathskammer begründete Zweifel über
die Geistesintegrität des Angeklagten erheben, sei es, dass
der Vertheidiger oder die Angehörigen inzwischen Beweise
für die geistige Krankheit gewonnen haben, sei es, dass
die zur Zeit der That erst in ihren Anfängen vorhanden
gewesene Krankheit nun weiter vorgeschritten ist und selbst
dem Laien erkennbar wird, sei es, dass der Angeklagte

Ergänzung
der Vor-
unter-
suchung.
Deutsch. St.-
P.O. § 200.
Oesterr.
§ 211.

durch die schädlichen Momente der Haft jetzt erst geistig erkrankt ist.

Unter allen Umständen ist es nothwendig, in solchem Fall zu ermitteln, ob der gegenwärtige Zustand des Kranken derart sei, dass mit ihm gerichtlich verhandelt werden könne. Eine Verhandlungsfähigkeit in psychischer Beziehung kann nur demjenigen zugesprochen werden, der sich vertheidigen kann. Eine solche Fähigkeit setzt nothwendig das Bewusstsein der Bedeutung der incriminirten Handlung, der gerichtlichen Tragweite einer gerichtlichen Verhandlung, die Fähigkeit, dem Richter Rede und Antwort bezüglich der persönlichen Verhältnisse und der Thatumstände zu stehen, und die Kenntniss der Rechtsmittel und Rechtswohlthaten voraus. *Verhandlungsfähigkeit.*

Die Verhandlungsfähigkeit zu bestimmen, ist Sache des Gerichtes. Der Sachverständige hat Art und Grad der geistigen Störung zu diesem Behufe klarzustellen.

Ist der Angeklagte wegen Geisteskrankheit nicht verhandlungsfähig, so muss die Austragung des Processes bis zur Wiederherstellung vertagt und der Kranke einer Irrenanstalt übergeben werden.

Ist er geheilt und das ihm imputirte Verbrechen noch nicht verjährt, so muss das Processverfahren gegen ihn wieder aufgenommen werden. Es sollte hier grosse Milde walten, da Geisteskrankheiten sehr zu Recidiven neigen und die Wiederaufnahme des Strafprocesses nur zu leicht ein solches hervorbringt. Es gibt Fälle, wo durch jeweilige Rückfälle die Unheilbarkeit herbeigeführt und das Strafverfahren dennoch nicht zu Ende gebracht werden konnte. In solchen Fällen kann eine Niederschlagung des Processes auf dem Weg der Gnade human und praktisch sein.

In der Zwischenzeit von der Eröffnung des Hauptverfahrens bis zur Hauptverhandlung ist eine Beobachtung des Angeklagten um so eher angezeigt, wenn sich schon in der Voruntersuchung nicht beseitigte Zweifel bezüglich seiner Geistesintegrität erhoben haben. In Frankreich be- *Vorbereitungen zur Hauptverhandlung.*

steht die zweckmässige Einrichtung, dass der Assisepräsident von der Versetzung in Anklagezustand bis zum Termin den Angeklagten zu vernehmen hat. (Vgl. Oesterr. St.P.O. § 220.) Diese Zeit ist eine wichtige für den Vertheidiger insofern es ihm obliegt, falls er den Geisteszustand seines Clienten für bedenklich hält, das nöthige Beweismaterial bezüglich dessen geistiger Störung vorzubereiten. Nie sollte der Vertheidiger leichtsinnig die Zurechnungsfähigkeitsfrage aufwerfen, d. h. ohne durch Auffindung von in den Akten und der Anklageschrift nicht enthaltenen erheblichen Thatsachen, durch eingeholte Ansichten ärztlicher Vertrauensmänner dazu veranlasst zu sein. Die Unparteilichkeit des Verfahrens fordert, dass dem Vertheidiger dieselben Rechte in der Beibringung der Beweismittel eingeräumt werden wie dem öffentlichen Ankläger. Nach der Oesterr. St.P.O.

Zulassung von Zeugen und Sachverständigen. (§ 225) hat sowohl der Staatsanwalt als der Vertheidiger das Recht zu verlangen, dass noch andere als die vom Gerichtshof designirten Sachverständigen (gewöhnlich diejenigen, welche bereits in der Voruntersuchung thätig waren) zur Hauptverhandlung geladen werden. Dieses Verlangen muss genügend motivirt sein und die Liste der vorzuladenden Sachverständigen dem Gegner 3 Tage vor der Hauptverhandlung bekannt gemacht werden. Ueber die Zulassung dieser Sachverständigen entscheidet in Oesterreich die Rathskammer. Im Fall der Ablehnung kann das Verlangen nochmals in der Hauptverhandlung gestellt werden. Erfolgt neuerlich eine Ablehnung, so ist in Oesterreich der Vertheidiger ausser Stand, zu Gunsten seines Clienten lautende Gutachten bedeutender Fachmänner, die nur die Bedeutung von Privatansichten hätten, zur Geltung zu bringen. In Deutschland dagegen (St.P.O. § 218. 219), gleichwie in Frankreich und England, können Ankläger wie Vertheidiger so viel Sachverständige ihrer Wahl mit oder ohne Zustimmung des Gerichtshofs laden als ihnen beliebt, nur muss dies rechtzeitig dem Gegner bekannt gegeben werden. Nach § 220 der Deutschen St.P.O. und Oesterreich.

§ 254 kann der Vorsitzende des Gerichts auch von Amtswegen die Ladung von Zeugen und Sachverständigen sowie
die Herbeischaffung anderer Beweismittel anordnen.

Das zur Beweisaufnahme und Urtheilsschöpfung in der
Hauptverhandlung stattfindende Verfahren ist ein mündliches
und unmittelbares (d. h. auf unmittelbarer Wahrnehmung des
Gerichts beruhendes). Die Vernehmung des Angeklagten muss
bei zweifelhafter Geistesgesundheit mit grosser Vorsicht vorgenommen werden, da er, wenn wirklich geisteskrank, leicht
verwirrt oder aufgeregt wird, seine Antworten müssen mit
Reserve beurtheilt werden, da er leicht dissimulirt oder simu-
lirt. Dass vernünftiges Reden und Antworten bestehende
Geisteskrankheit nicht ausschliesst, wurde bereits erörtert.

Das Geständniss eines Angeklagten genügt nicht zum
Beweis seiner Schuld (Oesterr. St.P.O. § 206[1]). Auch
Selbstanschuldigungen, die ein Angeklagter allenfalls im
Gefängniss in einem Fieberdelirium oder im Schlaf ausgesprochen hat, können im Indicienbeweis nicht verwerthet
werden, da sie aus dem unbewussten Geistesleben hervor-
gingen und es leicht begreiflich ist, dass ein Angeklagter
im Sinn der Anklage träumt oder delirirt. Die Erklärung
des Angeklagten, dass er geistesgesund sei und seine Ein-
sprache gegenüber der gegensätzlichen Behauptung des
Vertheidigers oder der Sachverständigen, beweist nicht
gegen Geisteskrankheit, da wirkliche Geisteskranke in der
Regel kein Bewusstsein von der krankhaften Störung ihrer
Geistesthätigkeit, eher ist damit eine Vermuthung gegen
Simulation gewonnen, insofern Simulanten es gerne haben,
wenn man sie für krank erklärt.

Auch die Aussagen der Zeugen, sofern sie negative
sind, müssen mit grosser Vorsicht aufgenommen werden
und haben ihre Aussagen eigentlich nur insofern Werth
als sie nicht Ansichten als vielmehr Thatsachen enthalten.

*Geständ-
niss.*

*Werth der
Zeugenaus-
sagen.
Deutsch. St.-
P.O. § 56;
Oesterr. St.-
P.O. § 151.
164. 170.*

---

[1] In der Deutschen St.P.O. fehlt es an einer ausdrücklichen
Bestimmung über diesen Punkt.

Geschieht es doch so oft, dass Laien Symptome von Irrsinn übersehen oder falsch deuten! Ganz besondere Vorsicht muss Zeugenaussagen gegenüber geübt werden, die
die Anschuldigung eines unsittlichen Attentats enthalten
und wobei die Zeugen hysterisch kranke Weiber sind, die
möglicherweise aus Rache oder Drang Aufsehen zu erregen
oder aus krankhaft erregter Phantasie solche Attentate
fälschlich behaupten. Nicht minder ist Vorsicht geboten,
da wo ein angeblich Gesunder wegen einer widerrechtlichen
Freiheitsberaubung durch eine Irrenanstalt Klage führt.
Bis jetzt war der Kläger immer ein wirklich Geisteskranker.
Wie sehr der Schein der Gesundheit wirkliche vortäuschen
kann, lehrt ein Fall aus der englischen Gerichtspraxis, in
welchem es sich um eine solche Klage handelte. Der be-
schuldigte Arzt, Inhaber einer Privatanstalt, hatte es unterlassen den Kranken zu beobachten und Beweise für seinen
Irrsinn zu sammeln. Er konnte den Beweis in foro nicht
liefern und seine Sache stand schlimm, da der Kläger vollkommen vernünftig sprach und sich benahm. Kurz vor
Schluss der Verhandlung verlangte Jemand aus dem Publikum, der den Kläger kannte, den Gerichtspräsident in
wichtiger Angelegenheit zu sprechen. Nach einer Weile
kam dieser in den Saal zurück und fragte den Kläger,
warum er nicht mitgetheilt habe, dass er Christus sei. Der
religiös wahnsinnige Kläger, im Kern seines Deliriums getroffen, bekannte, dass er Christus sei und erklärte, dass
er seinen Feinden verzeihen wolle! Damit nahm der Gerichtsfall eine unerwartete Wendung.

Das Zeugniss eines Zeugen kann auch dadurch bedenklich werden, insofern dieser unmündig, taubstumm,
geistesschwach oder geisteskrank zweifellos ist. Es gibt
Fälle, wo auf ein solches Zeugniss im Indicienbeweis nicht
verzichtet werden kann, z. B. wenn solche geistig defekte
oder abnorme Individuen die einzigen Zeugen eines statt-
gefundenen Verbrechens, etwa in einer Irrenanstalt, waren.
Die Gesetzgebung (Deutsche St.P.O. § 56. Oesterr. § 151,

164, 170) lässt die Abhörung solcher Zeugen (als blosser „Auskunftspersonen") principiell zu, aber nicht ihre Beeidigung. Die Zulässigkeit der Abhörung eines solchen Zeugen über das, was er mit seinen Sinnen wahrgenommen hat, kann medicinisch psychologisch nicht bestritten werden, aber sie muss durch einen Gerichtsbeschluss nach vorgängiger Einvernehmung ärztlicher Sachverständiger festgestellt werden. Niemals wird ein solches Individuum als ein vollgültiger Zeuge, schon wegen der mangelnden Eidesfähigkeit betrachtet werden können. Seine Glaubwürdigkeit wird durch die Art und Weise seiner Depositionen, die Klarheit seiner Darstellung des Sachverhalts und die Uebereinstimmung seiner Aussagen mit den anderweitigen Beweisergebnissen sich kundgeben und davon die innere Ueberzeugung der Richter und Geschworenen abhängen. In der Regel wird es sich um die Zeugnissfähigkeit Schwachsinniger handeln. Die Lückenhaftigkeit ihrer Auffassungen, die Unverlässlichkeit derselben in affektvoller Erregung, die Möglichkeit einer Bestimmbarkeit zu falschem Zeugniss muss berücksichtigt und ihre Vernehmung möglichst wenig feierlich, mit freundlicher Aufmunterung und in möglichst concreter, der Fassungskraft des Geistesschwachen angepassten Fragestellung vorgenommen werden, da sonst solche Zeugen leicht befangen und verwirrt werden. Nie sollte in solchen Fällen ein Kreuzverhör gehandhabt werden!

Zur Vernehmung Taubstummer ist jedenfalls ein Taubstummenlehrer als Dolmetscher unerlässlich.

Die Sachverständigen sind entweder von der Staats- Defensional-sachver-ständige. anwaltschaft oder von dem Angeklagten bezw. seinem Vertheidiger oder auch von dem Gerichtspräsidenten Geladene. Es ist ungerecht, wenn die Defensionalsachverständigen nicht für ebenso unbefangene und unpartheiische Sachverständige angesehen werden, wie die von der andern Parthei oder von Gerichtswegen Geladenen. Für ihre Unpartheilichkeit bürgt der von ihnen wie von den andern Sachverständigen geleistete Eid und ihre Unbescholtenheit, die

überhaupt ihnen ein Erscheinen vor Gericht möglich macht.
Es kann überhaupt bei einem so objektiven Verfahren,
wie es die Hauptverhandlung darstellt, keinen Unterschied
der Person noch des Mandats geben, sondern nur den der
grösseren oder minderen Klarheit, Sicherheit und wissenschaftlichen Richtigkeit, mit welcher der Sachverständige
seine Anschauung nach bestem Wissen und Gewissen aus-
spricht. Dies muss auch für die Fälle gelten, wo das
Gutachten einer collegialen Fachbehörde von einem Dele-
girten derselben im Termin vertreten wird. Ein solcher
kann nur als Einzelperson erscheinen und nur als solcher
das Gutachten abgeben, zumal da er an das der Collegial-
behörde, welches er mündlich zu vertreten hat, umsoweniger
gebunden sein kann, als im Termin selbst Thatsachen sich
ergeben können, die die ursprünglich von der Collegial-
behörde vertretene Anschauung modificiren.

Haupt verhandlung. Die Hauptverhandlung hat den Zweck, die Beweismittel in Gegenwart der zum Urtheil Berufenen zu er-
schöpfen. Ebendeshalb kann, von seltenen vom Gesetz
vorgesehenen Ausnahmsfällen abgesehen, die Vernehmung
der Zeugen und Sachverständigen nur mündlich erfolgen.
Die Sachverständigen der Voruntersuchung müssen auch
im Termin erscheinen und ihr Gutachten begründen. Die
Verlesung von Collegialgutachten sollte unzulässig sein.
Damit volle Klarheit in Bezug auf die durch Zeugen- und
Sachverständigenaussagen gewonnenen Beweismittel für die
zum Urtheil Berufenen entstehe, muss es nicht blos dem
Vorsitzenden, dem Staatsanwalt, dem Vertheidiger, sondern
auch den beisitzenden Richtern und den Geschworenen
gestattet sein, Fragen an die Zeugen und Sachverständigen
zu stellen (Deutsche St.P.O. § 238, 239; Oesterr. St.P.O.
§ 249, 315). Nur bei dieser Einrichtung wird volle Unpartheilichkeit gewahrt und der zweifelhafte Fall nach jeder
Richtung hin erörtert.

Von der grössten Bedeutung ist es, dass durch dieses
„Kreuzverhör" die Verlässlichkeit der Angaben der Zeugen

und Sachverständigen ins rechte Licht gestellt wird, z. B. durch Fragen wo und wie der Sachverständige seine psychiatrische Bildung erworben hat, ob er die früheren Gesundheitsverhältnisse und Lebensbeziehungen des Angeklagten kennt, wie oft und wie lange er diesen beobachtet hat? Die Berechtigung zur Fragestellung bringt aber die Gefahr unpassender ungehöriger Fragestellung mit sich. Der Gesetzgeber (Deutsche St.P.O. § 240; Oesterr. St.P.O. § 249 a. Schl.) hat diese Unzukömmlichkeiten vorgesehen und es ist Sache des Vorsitzenden von seinem Recht ungeeignete und nicht zur Sache gehörige Fragen zurückzuweisen, Gebrauch zu machen. Dies bezieht sich namentlich auf die Taktik Seitens der Staatsanwaltschaft oder des Vertheidigers, die gegnerischen Sachverständigen durch Suggestiv- und abstrakte Fragen zu verblüffen, zu verwirren, ihre Aussprüche miteinander in Widerspruch zu bringen und deren Gewicht dadurch zu schmälern. Es ist leichter zu fragen als zu antworten, namentlich da wo der Laie an den Vertreter einer Wissenschaft Fragen stellt. Als ungeeignet müssen jedenfalls alle abstrakten Fragen bezeichnet werden. Der Sachverständige hat in foro kein psychiatrisches Examen abzulegen, am allerwenigsten da wo die Examinatoren Laien sind, sondern Rede und Antwort bezüglich der Richtigkeit der Thatsachen zu stehen, auf welche sich sein gutachtlicher Ausspruch gründet.

Wie kann es anders geschehen, als dass falsche Schlüsse und Missverständnisse bei den richterlichen Laien entstehen, wenn allgemein gefragt wird, ob Jemand geisteskrank sein kann, der zur fraglichen Zeit eine Reise machte, einen Wechsel ausstellte, ein Testament errichtete, einen Beruf ausübte, oder wenn die Frage allgemein nach dem Einfluss einer Kopfverletzung, der geistigen Störung bei den Eltern etc. etc. gerichtet ist?

Abstrakte Fragen sind in der gerichtlichen Medicin oft gar nicht, vielfach erst nach gründlicher Ueberlegung zu beantworten, während dagegen concrete für Den, welcher

v. Krafft-Ebing, Criminalpsychologie. 2. Auflage.

5

den gegebenen Fall nach allen Richtungen kennt, nicht schwierig sind. Nur concrete Fragen sollten deshalb zulässig sein.

Ebensowenig kann und darf eine im Kreuzverhör gestellte Frage eine juristische sein, z. B. nach der Unterscheidungsfähigkeit, Zurechnungsfähigkeit u. dgl.

Noch viel mehr als im Vorverfahren muss vom Sachverständigen im Hauptverfahren verlangt werden, dass er sein Gutachten klar und bündig erstatte. Sind doch die Richter der Schuldfrage Geschworene, deren Bildungsgrad sehr verschieden ist und von denen ein Verständniss für ein geschraubtes und vielfach in Kunstausdrücken sich bewegendes Gutachten nicht erwartet noch verlangt werden kann.

Auch die Berufung auf Autoritäten und wissenschaftliche Werke im Gutachten ist nur bedingt zuzulassen, da damit Missbrauch getrieben werden kann, insofern die Citirung von solchen Aussprüchen, losgelöst von dem übrigen Zusammenhang, bedenklich ist. Insoweit der Sachverständige aus dem Beweisverfahren durch Zeugen neue und wichtige Anhaltspunkte für seine Beurtheilung des Geisteszustands gewinnen kann, ist es nöthig, dass er bei der Vernehmung der Zeugen gegenwärtig sei. Nur die Verwechslung der Stellung des Sachverständigen mit der eines Zeugen könnte an der Berechtigung dieser Forderung einen Anstoss nehmen.

Einwände gegen die Zurechnungsfähigkeit in der Hauptverhandlung. Zuweilen werden erst während der Hauptverhandlung Einwände gegen die Zurechnungsfähigkeit gemacht. Es ist dann in der Regel der Vertheidiger, der diese Frage erhebt. Es hängt vom Ermessen des Gerichtshofs nach Prüfung der vom Vertheidiger geltend gemachten Gründe ab, ob er dieser Einrede Gehör geben und eine ärztliche Untersuchung des Geisteszustands verordnen will. Wenn auch ein leichtsinniger und nur auf oberflächliche Ermittlungen und Vermuthungen hin gemachter Einwand der fraglichen Zurechnungfähigkeit Seitens des Vertheidigers kaum den Gerichtshof zu einem Beschluss veranlassen wird, so ist es doch aus Billigkeitsrücksichten geboten, wenn irgend welche plausible Verdachtgründe sich ergeben, nicht leichthin über das gestellte Verlangen zur Tagesordnung überzugehen. Ist doch der Termin der letzte Moment im Verlauf des Strafverfahrens, wo ein die Schuldfrage so schwer beeinflussender Umstand ermittelt werden kann und die Gefahr einer ungerechten Verurtheilung immerhin möglich!

Erweisen sich die Verdachtgründe des Vertheidigers für geistige Störung des Angeklagten aber stichhaltig und veranlassen sie den Gerichtshof ärztliche Sachverständige vorzurufen, so ist es sehr fraglich, ob die in solchen Fällen übliche sofortige Berufung Sachverständiger in die Hauptverhandlung richtig und sicher ist.

In dem Vorausgehenden wurde gezeigt wie schwierig die Entscheidung der Frage nach geistiger Störung ist, welch umfängliche Vorerhebungen dazu nöthig sind. Wird erst im Termin die Stellung der Frage nach dem Geisteszustand zur Zeit der That begehrt und erreicht, so sind die Vorerhebungen in den Akten jedenfalls ungenügend, der in den Verhandlungssaal berufene Arzt kennt weder die Persönlichkeit des Angeklagten noch die Vorakten, speciell nicht Thatumstände, Zeugenaussagen und Vorleben, und selbst wenn er mit seltenem Scharfblick sofort eine wohl charakterisirte Form geistiger Störung beim Angeklagten entdeckte, so wäre es ihm doch nicht möglich sofort die wichtige Frage zu entscheiden, ob Jener schon zur Zeit seiner That geisteskrank war. Aus diesen Gründen erscheint es gerechtfertigt, dass wenn der Gerichtshof eine spätzeitige Untersuchung des Geisteszustands für nöthig findet, er die Verhandlung vertage bis diese wichtige Frage des subjektiven Thatbestands verhandlungsreif geworden ist. Ein wirklich Sachverständiger wird sich auf die Beurtheilung des Geisteszustands, wenn er erst in die Hauptverhandlung dazu berufen wurde, niemals einlassen.

Da die Frage der Zurechnungsfähigkeit eine concrete

und Theilfrage des Thatbestands, somit eine offene ist,
kann vom Angeklagten nicht verlangt werden, dass er seine
Unzurechnungsfähigkeit beweise. Jedenfalls steht ihm bezw.
seinem Vertheidiger das Recht zu, die Stellung der allgemeinen Frage nach seiner Zurechnungsfähigkeit zu verlangen. Obwohl nur das, was im Anklage- bezw. Eröffnungs-
beschluss steht, verhandelt werden soll, wird der Gerichtshof die Stellung dieser verlangten allgemeinen Frage nicht
ablehnen können, falls die Voruntersuchung oder Hauptverhandlung thatsächliche, das Verlangen des Angeklagten
oder seines Vertheidigers rechtfertigende Gründe ergeben.
    Die Formulirung der Frage, ob der Angeklagte z. B.
in ,krankhafter Störung der Geistesthätigkeit oder in Bewusstlosigkeit zur Zeit der That sich befunden habe, ist
natürlich Sache des Gerichtshofs (Oppenhoff).
    Objektiv wie das ganze Verfahren sollten der Vortrag
des Staatsanwalts sowie der Schlussvortrag des Vertheidigers sein. Höher als die Parthei muss das Interesse der
Wahrheit stehen. Es ist ebenso unwürdig eines Staatsanwalts leidenschaftlich und mit Nichtachtung der von der
Wissenschaft erbrachten Thatsachen die Verurtheilung an-
zustreben als es für einen Vertheidiger unsittlich ist, eine
schlechte Sache mit allen Mitteln und Kniffen zu vertreten.

Schlussvor-
trag des
Gerichts-
präsidenten.
Deutsch. St.-
P.O. § 300.
Oesterr.
§ 311. 325.

Namentlich ist es aber Sache des Gerichtspräsidenten,
in seinem Schlussvortrag sich der grössten Objektivität zu
befleissigen, das Pro und Contra der Beweisgründe klar
darzustellen und sich eines eigenen, das Urtheil der Richter
etwa beeinflussenden Urtheils zu enthalten.
    Da wo jedoch ein Volksgericht über die Schuldfrage
zu urtheilen hat und der Geisteszustand des Angeklagten
fraglich erscheint, wird der Präsident gut thun, den Geschworenen klar zu machen, dass die Frage nach der
Schuld auch die Frage nach der Freiheit der Willensbestimmung in sich schliesst und dass wenn sie Zweifel in
die Willensfreiheit des Thäters setzen, sie befugt sind, die
Schuldfrage zu verneinen. Er wird' nicht minder gut thun,

den Volksrichtern vor der Urtheilsschöpfung eine dem
gegenwärtigen Stand der Rechtsanschauung und psychiatrischen Wissenschaft entsprechende Belehrung über die Grundbedingungen der Zurechnungsfähigkeit zu geben.

Der Zustand der Zurechnungsfähigkeit setzt die Erkenntniss der Rechtswidrigkeit einer gewollten strafbaren
That (libertas judicii) und die Fähigkeit der Selbstbestimmung für die Begehung oder Unterlassung dieser Handlung (libertas consilii) nothwendig voraus.

Grundbe-<br>dingungen<br>der Zu-<br>rechnungs-<br>fähigkeit.

Zur Annahme einer Erkenntnissfähigkeit ist erforderlich, dass der Handelnde seiner selbst und der Aussenwelt
klar bewusst sei. Er muss ein klares Bewusstsein seiner
Lage, d. h. der Beziehungen zur Aussenwelt haben, die
eine Erkenntniss der rechtlichen und sittlichen Bedeutung
einer concreten gewollten Handlung gegenüber dem Strafgesetz (Strafe) und gegenüber der Gesellschaft (Beschädi-
gung fremder Interessen) und der möglichen Folgen der
That in sich schliesst.

Zur Erkenntnissfähigkeit gehört beim gegenwärtigen
Stand der Culturentwicklung jedenfalls auch die Einsicht
nach den ethischen Motiven. Der Mangel dieser, wenn
mangelnde Erziehung ausgeschlossen werden kann, beruht
immer auf pathologischen Bedingungen.

Das vorhandene intellektuelle Merkmal des Unterscheidungsvermögens d. h. des Bewusstseins der Strafbarkeit
trotz fehlender ethischer Erkenntnissfähigkeit für die Bedeutung der That, lässt beim jetzigen Stand der Anschauungen über Zurechnungsfähigkeit allerdings nicht auf
Straflosigkeit erkennen, aber die Verschuldung wird sich
sehr gering herausstellen insofern das individuelle Strafbarkeitsbewusstsein die That, und wäre sie selbst die schwerste,
nur als eine Uebertretung polizeilicher Vorschriften zu
erkennen vermag. Um so lebhafter muss bei solchen Individuen ihre eminente Gemeingefährlichkeit betont werden.

Die zweite Grundbedingung der Zurechnungsfähigkeit
setzt einen Seelenzustand voraus, in welchem die intellektiv-

ethischen Motive der Strafbarkeit, Unsittlichkeit, Schädlichkeit der intendirten Handlung mit den egoistischen zu dieser
antreibenden in Wechselwirkung treten und eine entscheidende Wahl herbeiführen können.

Dazu ist erforderlich eine ungestörte Ueberlegungs-
fähigkeit (Besonnenheit und ungestörter Ablauf des Vorstellens).

Die Selbstbestimmungsfähigkeit kann gestört sein insofern eine Verwirrung und Unordnung im Vorstellungsablauf
besteht (höhere Grade des Affekts) oder insofern Gegenmotive als hemmende contrastirende Vorstellungen auf
Grund einer allgemeinen Hemmung des Vorstellungsablaufs
(Melancholie) nicht ins Bewusstsein eintreten können, oder
insofern diese Gegenmotive temporär verloren gegangen
sind oder zu spät, d. h. erst nach geschehener That, im
Bewusstsein auftreten (Manie), oder insofern ihr Gegengewicht durch das krankhaft vermehrte, weil organisch bedingte Uebergewicht unsittlicher Antriebe, überhaupt thie-
rischer Triebe ungenügend geworden ist.

In der Regel liegt der Ausfall der Bedingungen der
Zurechnungsfähigkeit jedoch auf der erkennenden Seite des
Seelenlebens. Der Mechanismus der Wahl, soweit er im
formal ungehinderten Ablauf der dazu nöthigen Processe
besteht, kann ganz oder nahezu unversehrt sein.

Die libertas judicii fehlt oder ist beeinträchtigt durch
Fälschung der Beziehungen zur Aussenwelt — Wahnideen,
Sinnestäuschungen (Wahnsinn, Sinnesverwirrung), durch
mangelhafte Erkenntnissfähigkeit der socialen Pflichten und
positiven Vorschriften des Gesetzbuchs (Schwachsinn, Blödsinn, Taubstummheit).

Dieser Grundthatsachen der Zurechnungsfähigkeitsfrage muss sich der Richter behufs einer gerechten Urtheilsschöpfung bewusst sein. Obwohl in der Frage nach
der Schuld implicite auch die nach der Zurechnungsfähigkeit enthalten ist und ihre Beantwortung findet, hat die
Oesterr. St.P.O. (§ 319) dennoch die Bestimmung getroffen,

dass vor dem Geschworenengericht, falls behauptet wurde,
dass ein Zustand zur Zeit der That vorhanden gewesen
sei, der die Strafbarkeit ausschliessen würde, eine dieser
Behauptung entsprechende Frage zu stellen sei. Diese
obligatorische Stellung einer Zusatzfrage, wenn sie auch
vom streng logischen Standpunkt aus überflüssig erscheint,
hat das Gute, dass sie die Volksrichter ausdrücklich auf
das subjektive Moment der Schuldfrage in letzter Stunde
hinweist und bietet eine Gewähr dafür, dass sie auch diesen
wichtigen Umstand in den Bereich ihrer Erwägungen gezogen hatten.

Häufig genug kommt es vor, dass die Voraussetzungen Mildernde<br>Umstände.
der Zurechnungsfähigkeit zwar nicht gerade fehlen, dass
aber äussere gesellschaftliche (fehlende oder schlechte Erziehung) oder innere (organische) Bedingungen obwalten,
welche die Fähigkeit einer Selbstbestimmung beeinträch-
tigen und damit die Schuld mindern. Unter den organischen können es angeborene oder erworbene Zustände geistiger Schwäche, in erblicher Anlage begründete Anomalien
der Persönlichkeit u. s. w. sein, welche die Zugkraft unsittlicher Motive verstärkten, die Widerstandskraft schwäch-
ten, ungewöhnlich starke Affekte und Leidenschaften her-
vorriefen, die Besonnenheit und die Klarheit des Bewusstseins trübten.

Die frühere Gesetzgebung suchte solchen zahlreichen
Fällen durch die Lehre einer verminderten Zurechnung
gerecht zu werden, die gegenwärtige durch die Annahme
von mildernden Umständen.

Es ist Aufgabe des Sachverständigen, Vorhandensein
und Bedeutung von die normale Denkfähigkeit störenden
abnormen Zuständen und Vorgängen im Denkorgan klarzulegen und den Richtern damit die Beurtheilung des subjektiven Thatbestands und des Einflusses jener Momente
auf die Schuldfrage zu ermöglichen. Auch diese Thatsachen hat der Vorsitzende den Richtern der Schuldfrage
streng objektiv darzustellen.

Nie sollte in derartigen Fällen schon von Gerichtswegen unterlassen werden, ausser der Hauptfrage nach der Schuld überhaupt die Nebenfrage nach dem Vorhandensein mildernder Umstände im Sinne der § 295 und 297 der deutschen St.P.O. und § 322 der Oesterr. zu stellen.

Die Geschworenen mögen bedenken, dass die deutsche Strafgesetzgebung beim Verbrechen des Mords leider keine mildernden Umstände zulässt und die Bejahung der Schuldfrage ein richterliches Todesurtheil nach sich zieht. Dass auch bei Mordverbrechen mildernde Umstände denkbar sind, kann nicht weiter hier nachgewiesen werden. Mögen die Volksrichter um so gewissenhafter in solchen Fällen, wo die Todesstrafe bevorsteht, die Schuldfrage erwägen und lieber diese verneinen, wo sie überhaupt Zweifel in die Zurechnungsfähigkeit des Mörders setzen. Das Vertrauen auf die Gnade des Staatsoberhauptes kann hier nicht genügend beruhigen.

# III. Der Geisteskranke nach dem Urtheil.

Wiederaufnahme des Verfahrens. Es gibt seltene Fälle, in welchen erst nach gefälltem Urtheile Beweise für die Unzurechnungsfähigkeit zur Zeit der That sich ergeben. Auf S. 41 wurde ein Fall mitgetheilt, wo dies bei einer schon zum Tod Verurtheilten geschah. Die Oesterr. St.P.O. § 353. 354 und § 399 lit. 5 der deutschen St.P.O. gestatten die Wiederaufnahme eines durch rechtskräftiges Urtheil geschlossenen Verfahrens, wenn neue Thatsachen oder Beweismittel beigebracht sind, welche allein oder in Verbindung mit den früher erhobenen Beweisen die Freisprechung des Angeklagten oder, in Anwendung eines milderen Strafgesetzes, eine geringere Bestrafung zu begründen geeignet sind. Dadurch, sowie durch einige andere Bestimmungen, erscheint es wichtig, auf den Geisteszustand des Verurtheilten ein sorgsames Augenmerk zu richten.

Der § 485 der deutschen St.P.O. und Oesterr. § 398 bestimmen, dass an geisteskranken Personen ein Todesurtheil nicht vollstreckt werden darf.

Der qualvolle Seelenzustand, in welchem sich zum Tod Verurtheilte befinden und der sie so häufig veranlasst, selbst Hand an sich zu legen, ist der Entstehung von geistiger Krankheit jedenfalls günstig. Wenn doch hingerichtet sein muss, so ist es psychologisch räthlich und human, möglichst bald die Vollstreckung des Todesurtheils zu vollziehen. Ergeben sich Beweise für das Aufgetretensein einer Geisteskrankheit, so muss der Verurtheilte als Kranker behandelt und einer Irrenheilanstalt übergeben werden. Erlangt er seine Geistesgesundheit wieder, so dürfte er der Gnade des Staatsoberhauptes zu empfehlen sein.

Auch die Vollstreckung einer Freiheitsstrafe ist nach § 487 der deutschen St.P.O. und nach § 398 der Oesterr. St.-P.O. aufzuschieben wenn der Verurtheilte in Geisteskrankheit verfällt. Nach § 493 der deutschen St.P.O. wird die etwaige Dauer des Aufenthalts in einer Krankenanstalt in die Strafzeit eingerechnet, sofern der irre Verbrecher seine Strafe schon angetreten hatte. Auch bezüglich der Strafhaft kann die Frage entstehen, ob ihre Antretung oder Fortsetzung die geistige Integrität nicht gefährdet.

Die heutige Gefängnisseinrichtung bringt, selbst in Isolirhaft, die geistige Gesundheit der Sträflinge wenig an und für sich in Gefahr. Immerhin ist Isolirhaft für geistig beschränkte und charakterologisch abnorme, belastete Individuen vielfach bedenklich und dieser Umstand billigerweise bei der Strafvollstreckung zu berücksichtigen.

In den seltenen Fällen, wo der Vollzug der angetretenen Strafe durch beständig wiederkehrende Anfälle geistiger Störung unterbrochen wird und schliesslich nur mit äusserster Gefährdung der psychischen Existenz durchführbar erscheint, kann die Erlassung des Restes der Strafe auf dem Gnadenweg das einzige und von der Humanität gebotene Auskunftsmittel sein. Es erübrigt noch die Erwägung der

Frage, was mit den wegen Geisteskrankheit Freigespro-
chenen zu geschehen habe und in welcher Weise geisteskrank gewordene Sträflinge passend unterzubringen seien.
Bezüglich der ersteren handelt es sich zunächst um die
Entscheidung der Frage, ob der Zustand krankhafter Störung der Geistesthätigkeit zur Zeit der That auch nach
dem Urtheilsspruch noch fortbestehe oder nicht? Im letzteren Fall hat der Freisprechung die Freilassung auf dem
Fusse zu folgen, im ersteren Fall ist der Freigesprochene
der Sicherheitsbehörde zu übergeben, welche durch gerichtsärztliche Untersuchung ermitteln zu lassen hat, ob der Betreffende gemeingefährlich ist, in welchem Fall er einer
Irrenanstalt zu übergeben ist.   Es kann zweckmässig sein,
wenn schon die Sachverständigen der Voruntersuchung oder
des Hauptverfahrens in ihren Gutachten auf diesen Umstand aufmerksam machen.   Die Entlassung von solchen
Kranken aus der Irrenanstalt sollte nur im Einvernehmen
mit der Sicherheitsbehörde zulässig sein.

Dass ein geisteskrank gewordener Sträfling nicht länger
in der Strafhaft zu belassen sei, ist eine Forderung des
Rechts und der Humanität, denn weder das Bewusstsein
der Strafe im causalen Zusammenhang mit dem Verbrechen
noch die Möglichkeit einer moralischen Besserung sind in
diesem Zustand vorhanden.   Wohl aber besteht die Gefahr,
dass der Kranke, wenn er in den Verhältnissen belassen
wird, in denen er erkrankte, rasch unheilbar wird.

Die bezügliche Gesetzgebung gegenüber solchen Fällen
ist eine sehr mangel- und lückenhafte.

In England sperrt man sogenannte criminal-lunatics,
d. h. Leute, die schon geisteskrank waren, als sie ihr Verbrechen begingen, mit „insane convicts“, d. h. Menschen,
die erst in der Strafhaft geisteskrank geworden sind, in
eigene Verbrecherasyle zusammen und hält sie als gemeingefährlich, selbst oft nach der Genesung, lebensläng-
lich unter Staatsfürsorge.

In Italien, Frankreich, Deutschland bleibt es den Behörden anheimgestellt, ob sie den Irren im Gefängniss belassen oder in eine Irrenanstalt versetzen wollen. Nur bezüglich unheilbar gewordener irrer Sträflinge verfügt in Preussen ein Ministerialerlass vom 26. October 1858, dass solche für die Fortsetzung des Strafvollzugs nicht mehr geeignet sind und, wenn gerichtlich für wahn- oder blödsinnig erklärt, an ihnen die Criminalstrafe nicht weiter vollstreckt werden darf.

Der gegenwärtige Modus, wie sich die verschiedenen Staaten ihrer Pflicht gegen geisteskrank gewordene Verbrecher entledigen, ist ein dreifacher: 1. Unterbringung in gewöhnlichen Irrenanstalten; 2. in Irrenstationen der Gefängnisse und Strafanstalten; 3. in eigenen Verbrecherasylen. Der erstere Modus hat vielen Tadel gefunden. Die Anhäufung vieler solcher verbrecherischer Elemente, namentlich wenn sie aus der Klasse des Gewohnheitsverbrecherthums hervorgegangen sind, verträgt sich nicht mit der freien humanen Verpflegungsform dieser Anstalten. Diese verbrecherischen Irren entweichen, zerstören Zucht, Sitte, Ordnung des Krankenhauses, wirken revoltirend und demoralisirend.

In die Irrenanstalt gehören nur Leute, die schon zur Zeit des Verbrechens geisteskrank waren, die in der Untersuchungshaft krank wurden, und solche Sträflinge, die nicht der Kategorie des Gewohnheitsverbrecherthums angehören, nicht die Züge des sogenannten Verbrecherwahnsinns darbieten.

Am meisten empfiehlt sich die Errichtung von Irrenstationen bei Gefängnissen und Strafanstalten. Ihre Nothwendigkeit ergibt sich von selbst. In jeder derartigen Detentionsanstalt gibt es der Simulation verdächtige, ferner acut in und durch die Isolirhaft erkrankte Sträflinge, die einer sorgfältigen ärztlichen Beobachtung und Behandlung bedürfen.

Ist diese Irrenstation mit allen Heilmitteln einer Irrenanstalt ausgerüstet, was ohnedies bei grossen Strafanstalten

erforderlich sein dürfte, so könnte sie auch für heilbare
Fälle mit chronischem Verlauf verwerthet werden. Es bleiben die unheilbaren irren Sträflinge übrig, deren
Störung aus einem verbrecherischen Vorleben (Gewohn-
heitsverbrecherthum) hervorgegangen ist und die fatalen
Züge des „Verbrecherwahnsinns" bietet. Für solche Fälle
dürfte in kleineren Staaten die Creirung eines besonderen
Quartiers in der Landesirrenpflegeanstalt ausreichen, für
grosse Staaten dagegen die Errichtung eigener Verbrecherasyle nicht zu umgehen sein. Man hat den englischen derartigen Anstalten Nachtheile vorgeworfen (gefängnissartiger
Charakter der Anstalt, Schwierigkeit Wärter zu bekommen,
da ihr Leben beständig in Gefahr, schlimmer Einfluss, den
die Kranken auf einander ausüben etc.), allein durch mög-
lichste Isolirung, zweckmässige bauliche Einrichtungen,
Herstellung kleinerer, da und dort zerstreuter Asyle etc.,
liesse sich ein grosser Theil dieser Gefahren und Missstände
vermeiden.

# B. Specieller klinischer Theil.

Als Zustände, in welchen eine strafbare Handlung als nicht begangen erachtet wird, bezeichnet die neuere Gesetzgebung solche von krankhafter Störung (bezw. „Hemmung" Oesterr. Entw.) der Geistesthätigkeit und von Bewusstlosigkeit, sofern dadurch die freie Willensbestimmung (bezw. „die Fähigkeit der Einsicht" Oesterr. Entw.) ausgeschlossen war. Aus den Ausführungen des allgemeinen Theils dürfte sich ergeben, dass eine Kenntniss der Erscheinungsweise geistig abnormer Zustände und ihres Einflusses auf die Erkenntniss- und Selbstbestimmungsfähigkeit unerlässlich für den Juristen ist, wenn er den Sachverständigen und dessen Schlüsse verstehen und überhaupt als Richter, Staatsanwalt, Vertheidiger, Gerichtspräsident seiner Aufgabe gerecht werden will.

Diesem Bedürfniss einer wenigstens übersichtlichen Kenntniss des Gebiets der gerichtlichen Psychopathologie soll in den folgenden Blättern Rechnung getragen werden. In Anlehnung an den Wortlaut der Gesetzgebung ergeben sich für eine Betrachtung der geistig abnormen Zustände zwei grosse Gruppen — die Zustände krankhafter Störung der Geistesthätigkeit und die der sogenannten Bewusstlosigkeit.

# Zustände krankhafter Störung der Geistes-
## thätigkeit.

Sie zerfallen in zwei natürliche Gruppen, je nachdem
die Störung der Geistesthätigkeit durch hemmende oder
schädigende Einflüsse schon zur Zeit des noch in Entwicklung begriffenen Gehirns eintrat und demgemäss die Entwicklung des geistigen Lebens eine Hemmung erfuhr
(psychische Entwicklungshemmungen) oder eine
krankhafte Richtung nahm (psychische Entartungen)
oder indem krankmachende Einflüsse das Gehirn erst nach
erreichter Entwicklung trafen und die Funktionen des geistigen Lebens störten (Geisteskrankheiten im engeren Sinn).
    Das Gesetz bezeichnet klar diejenigen Zustände ab-
normer Geistesthätigkeit, in welchen es strafbare Handlungen als nicht geschehen betrachtet. Nicht jede Störung
der Geistesthätigkeit (Affekt, Leidenschaft) an und für sich
soll diese rechtliche Wirkung haben, sondern nur dann,
wenn sie eine krankhafte ist und wenn sie die freie Willensbestimmung aufhob. Für die gerichtliche Psychopathologie
ergibt sich damit die Nothwendigkeit zu untersuchen
1. unter welchen Umständen eine Abweichung von der
    Norm geistiger Thätigkeit als eine krankhafte aner-
    kannt werden muss;
2. durch welche Umstände eine krankhafte Störung der
    Geistesthätigkeit die Willensfreiheit aufhebt.

# Die Begründung einer Störung der Geistesthätig-
## keit als einer krankhaften.

Krankhaft ist eine Störung der Geistesthätigkeit, wenn
sie auf eine Krankheit des Gehirns, als des Organs der
geistigen Funktionen sich zurückführen lässt. Das Bestehen einer Krankheit wird nachgewiesen an einer sinn-

lich erkennbaren Veränderung des erkrankten Organs und an Abweichungen der Funktionen des Organs von der Norm. Am sichersten ist der Nachweis der Krankheit, wenn sowohl anatomische als funktionelle Aenderungen sich ergeben, namentlich wenn die gestörte Funktion aus der Veränderung des Organs verständlich wird. Bei vielen Krankheiten kann sich die Diagnose nur auf die gestörte Funktion stützen, weil die Veränderungen des Organs, namentlich während des Lebens, nicht sinnlich wahrnehmbar sind.

Hieher gehören auch im Grossen und Ganzen die Geisteskrankheiten, insoweit nicht Anomalien des Schädels (abnorme Kleinheit oder abnorme Grösse durch Wasserkopf) einen Rückschluss auf die Beschaffenheit des Gehirns gestatten.

Die Geisteskrankheiten sind Hirnkrankheiten, aber nicht jede Hirnkrankheit stört die geistigen Funktionen. Dies ist nur dann der Fall, wenn die Hirnerkrankung die Rinde des Grosshirns befällt und zwar in grösserer Ausbreitung. Die krankhafte Veränderung der Hirnrinde kann während des Lebens nur an dem Ausfall oder der Störung der Funktionen des erkrankten Gehirns nachgewiesen werden. Die Funktionen der Hirnrinde sind in erster Linie geistige (Fühlen, Vorstellen, Streben), aber sie vermittelt auch Funktionen der Bewegung, Empfindung, Ernährung, Absonderung etc. etc. Die Mitbeachtung von derartigen nicht psychischen Funktionsstörungen der Hirnrinde erweitert und vertieft die Diagnose der Hirnerkrankung, verleiht gleichzeitig vorfindlichen psychischen Funktionsstörungen erhöhte Bedeutung und sichert die Berechtigung ihrer Auffassung als krankhafter Erscheinungen.

Die Funktionen des geistigen Lebens bilden ein zusammenhängendes Ganze. Sie vollziehen sich in der Regel mit einer solchen Intensität, dass sie bewusst werden. Die Persönlichkeit (Ich) ist sich bewusst, dass sie wahrnimmt, denkt, handelt. Die geistigen Funktionen können aber auch

unbewusst sich vollziehen (Zustände sog. Bewusstlosigkeit).
Die hervorragendsten Funktionen des Geistes pflegt man
Gemüth, Verstand, Wille zu nennen. Es sind dies nur
Abstraktionen, nicht wirklich isolirt und selbständig be-
stehende psychische Kräfte. Sie befinden sich in gegen-
seitiger Abhängigkeit von einander.

Daraus folgt, dass das geistige Leben als ein funktionell zusammengehöriges Ganze niemals partiell gestört
werden kann. Wo dies den Anschein hat und man z. B.
von einer Gemüthskrankheit spricht, kann dies nur so
gemeint und verstanden werden, dass die dem Gemüth
zugeschriebenen Funktionen im Vordergrund des Krankheitsbilds stehen.

Eine Krankheit ist immer ein complicirter Vorgang,
der sich nicht auf das Symptom einer einzigen gestörten
Funktion beschränkt. Immer findet sich eine Mehrheit
von Symptomen. Die Summe und die nachweisbare gegenseitige Abhängigkeit der Symptome begründen die Diagnose.

Diese lässt sich nicht aus einem einzigen Symptom
z. B. aus einer einzelnen Handlung machen. Immer handelt es sich um einen Zustand. Die synthetische Erfassung
der das Krankheitsbild ausmachenden Einzelsymptome ist
die einzig richtige Methode.

Neben der symptomatischen Erschliessung und Beurtheilung der gestörten Funktionen ist für die Annahme
von Krankheit entscheidend die Ermittlung ihrer Ursachen
und ihres Verlaufs.

Auch in dieser Hinsicht weist das Gebiet der geistigen
Störungen strenge Gesetzmässigkeit auf. Die Ursachen sind
theils veranlagende wie z. B. Erblichkeit, Lebensalter, Erziehung u. s. w., theils veranlassende wie z. B. Gemüthsbewegungen, körperliche Erkrankungen. Das psychische
Organ erkrankt in der Regel nur in Folge mächtig wirkender
Ursachen. Der Nachweis dieser, die ursächliche Begründung der Krankheit stützt ihre Annahme. Je näher zeitlich die fraglichen Symptome der Krankheit als Wirkungen

der ermittelten Ursache rücken, um so wahrscheinlicher
wird die Annahme der Krankheit. Der Verlauf einer fraglichen geistigen Krankheit ist
um so bedeutsamer, je deutlicher er sich als ein empirischer
und gesetzmässiger ausweist, je deutlicher Symptome und
Symptomgruppen ohne äussere Anlässe zu- oder abnehmen,
Ausbrüche der Krankheit mit zeitweise wiederkehrenden
körperlichen Vorgängen (z. B. Menstruation) zusammen-
fallen, von körperlichen Störungen (Bewegungs-, Empfin-
dungs-, Absonderungsstörungen, Verstopfung, Fieber etc.)
begleitet sind, Anfälle der fraglichen Krankheit in annähernd
gleicher Zeit und unter gleichen Verhältnissen wiederkehren.

Auf diese Gesichtspunkte hat sich die allgemeine Diagnose einer geistigen Krankheit als einer Hirnkrankheit zu
stützen. Die specielle Diagnose nach Umfang und Art der
Symptome krankhafter Geistesthätigkeit begegnet der Schwierigkeit, dass die abnorme Funktion an und für sich nichts
beweist, so lange sie nicht auf ihre Bedingungen zurück-
geführt ist. Der Geisteskranke kann dasselbe sagen und
thun wie ein Geistesgesunder. Es gibt kein einziges Symptom gestörter Geistesthätigkeit, das nicht auch gelegentlich
im geistesgesunden Zustand vorkäme. Das Krankhafte bei
geistiger Störung liegt darin, dass 1. die im Uebrigen
ganz gesetzmässigen Vorgänge des Fühlens, Wahrnehmens,
Vorstellens und Strebens nicht (wie im geistesgesunden Leben)
auf entsprechende äussere Reize und Anlässe und conform
diesen eintreten, sondern auf Grund innerer Anlässe und
Reize, die eine Hirnerkrankung schafft. Der Kranke sieht
und hört z. B. Dinge, die nicht durch Licht- und Schall-
wellen begründet sind, sondern die durch innere (krankhafte) Reizung seiner centralen Sinnesapparate vorgetäuscht
sind (Hallucinationen), er ist heiter oder traurig, ohne dass
ein äusserer Anlass ihn dazu berechtigt.

Aus der äusserlich fehlenden Motivirung von Stimmungen, Wahrnehmungen, Vorstellungen oder auch aus

der abnorm geringen oder starken Reaktion auf äussere
Eindrücke schöpft deshalb schon der Laie zunächst Verdacht auf eine geistige Störung, während so lange die geistigen Processe auf genügenden äusseren Anlass und diesem
entsprechend, in harmonischer Verknüpfung mit den Vorgängen in der Aussenwelt ablaufen, wir keinen Anstand
nehmen einen Menschen für geistesgesund zu halten.

Ebendeshalb ist es aber höchst wichtig, die frühere
habituelle Empfindungs- und Reaktionsweise eines Menschen
zu kennen. Nur seine individuelle Betrachtung, die Vergleichung seiner früheren Individualität mit der jetzigen,
die Ermittlung ob etwaige Aenderungen derselben spontan,
äusserlich nicht motivirt aufgetreten sind, eröffnen Gesichtspunkte für die Entscheidung, ob er psychisch krank sei.
Es ist somit nöthig, dass nicht blos die frühere Persönlichkeit
mit ihrem geistigen Niveau, ihren früheren Anschauungen,
Reaktionsweisen, Strebungen etc. bekannt sei, sondern dass
auch die Umstände ersichtlich sind, unter welchen die fragliche Krankheit aufgetreten ist.

Fehlt diese Kenntniss oder sind die einer fraglichen
Krankheit vorausgegangenen Ereignisse, z. B. Gemüthsbewegungen, derart, dass die Veränderung der Stimmung
und Anschauungsweise noch durch jene genügend motivirt
sich ausweist, so wird die Beurtheilung der wahrgenom-
menen geistigen Veränderung (ob noch physiologische Verstimmung oder beginnende Gemüthskrankheit) schwierig
bis weitere Symptome sich entwickeln. Thatsächlich ist
eine Verwechslung im angedeuteten Sinn im alltäglichen
Leben etwas ganz Gewöhnliches, aber auch in foro kommt
sie vor und veranlasst ungerechte Beurtheilungen des Geisteszustands. Indem der wirkliche Geisteskranke auf Grund
innerer krankhafter Vorgänge wahrnimmt, fühlt und vor-
stellt, tritt er in Widerspruch mit der realen Welt — er
wird alienirt, sein Standpunkt, von dem aus er die Aussenwelt beurtheilt, ist ein ver—rückter, er ist wahn—sinnig.
Diese Aenderung braucht sich aber vorerst nicht in

so markanten Symptomen, wie sie Wahnideen und Sinnestäuschungen darstellen, kundzugeben, auch nicht in ausgesprochenen unmotivirten dauernden Aenderungen des Fühlens. Es gibt zahlreiche Fälle wo, als Ausdruck einer beginnenden (Hirn-) geistigen Erkrankung, zunächst blos die
gesammte bisherige Empfindungs-, Anschauungs- und Handlungsweise sich ändert. Besonders wichtig ist hier ein
Nachlass der gemüthlichen und ethischen Beziehungen zur
Aussenwelt (Gemüthsstumpfheit) namentlich in Verbindung
mit abnormer Reizbarkeit. Diese Aenderung des Charakters
ist um so bedeutsamer, wenn sie psychologisch, d. h. in
äusseren Vorgängen nicht motivirt ist, dagegen an biologische Entwicklungszustände (z. B. Pubertät) oder erlittene
Kopfverletzungen, schwere körperliche Krankheiten sich
anschliesst. Sie ist nicht selten Vorläufer von Hirnkrankheiten, die später dann in Form von geistiger Schwäche
oder ausgesprochenen Formen des Irreseins (s. Dementia
paralytica, epileptisches, alkoholisches Irresein) deutlich sich
kundgeben.

2. Ein weiteres wichtiges Erkennungszeichen geistiger
Krankheit ist darin gegeben, dass der Kranke sich der
falschen weil subjektiven organischen inneren Entstehung
seiner Stimmungen, Wahrnehmungen, Vorstellungen nicht
mehr bewusst wird, dass er sie für real begründet hält,
logische und praktische (Handlungs-) Consequenzen aus
ihnen zieht. Diese Trübung des Bewusstseins, dieses
Glauben an Dinge, die mit dem Zeugniss der gesammten
früheren Erfahrung des gesunden Menschenverstands in
grellem Widerspruch stehen können, diese Unfähigkeit eine
Correktur zu üben, weist auf weitere Funktionsstörungen
im geistigen Mechanismus hin. Sie erklärt sich aus der
Veränderung der Stimmung, aus dem falschen und sich
gegenseitig unterstützenden Zeugniss der Sinne, aus Hem-
mungen des Vorstellens, vermöge deren berichtigende contro-
lirende Vorstellungen nicht mehr eintreten können, aus
Erinnerungsdefekten, die die früheren Erfahrungen des ge-

sunden Lebens verloren gehen liessen, aus einer allgemeinen
Abschwächung der intellektuellen Funktionen (Kritik, Be-
obachtungsfähigkeit).

Die Bedeutung dieser Störung des Bewusstseins lässt
sich am besten an den Hallucinationen erweisen. Auch sie
sind keine specifischen Kennzeichen des Irrseins, da sie
auch bei körperlichen Schwäche- und Fieberzuständen, bei
Vergiftungen, bei Nervenkrankheiten, wie Epilepsie, Hysterie
und bei nervös erregbaren sonst geistig Gesunden vorkommen können.

Während sie aber beim Geistesgesunden und in nicht
dem Gebiet der Geisteskrankheit angehörigen Hirnzuständen
als Hallucinationen erkannt zu werden pflegen, ist es Regel,
dass sie der Irre in seinem getrübten Bewusstsein für wirkliche Wahrnehmungen hält. Aber auch dieser Umstand
ist noch nicht beweisend für geistige Krankheit, insofern
auch der Aberglaube des Geistesgesunden Hallucinationen
für Wahrheiten halten kann. Nur ihr Zusammenhang mit
anderweitigen elementaren Erscheinungen gestörten Seelenlebens gestattet ihre sichere Verwerthung als Krankheitszeichen, z. B. ihr Nachweis in mehreren Sinnesgebieten,
ihr Zusammenhang mit Delirien, Affekten, krankhaften
Stimmungen u. s. w.

Es bedarf also des Nachweises einer inneren Beziehung
und Zusammengehörigkeit der Symptome, um das einzelne
auf die verlässliche Werthstufe eines diagnostischen Zeichens
zu erheben.

Dieser psychologisch gesetzmässige Zusammenhang der
Symptome ist äusserst wichtig gegenüber der Frage der
Simulation, wo er nothwendig fehlen muss, während im
wirklichen Wahnsinn Logik und Methode ist, da die psychologischen Gesetze der Denkthätigkeit auch im kranken
Zustand gelten und vielfach nur von falschen Prämissen
aus das Denken und Urtheilen ausgeht.

Ermittlung der speciellen Umstände, auf Grund welcher durch krankhafte Störung der Geistesthätigkeit die freie Willensbestimmung aufgehoben wird.

Das Gutachten des Arztes hat nicht blos den Beweis einer Hirnkrankheit, speciell einer Geisteskrankheit zu erbringen, sondern auch Art und Grad dieser so darzustellen, die Störung des gesetzmässigen geistigen Mechanismus mit besonderer Rücksicht auf die psychologischen Bedingungen der Zurechnungsfähigkeit dergestalt klarzulegen, dass die richterlich psychologische Frage nach der vorhandenen oder fehlenden Willensfreiheit daraus unschwer beantwortet werden kann.

Die Vernichtung der Willensfreiheit durch psychopathische Zustände und Vorgänge kann nun daraus sich ergeben, dass:

a) durch aus der Gehirnerkrankung herausgesetzte somit spontane Affekte, Stimmungen, Triebe und Strebungen, Wahnideen und Sinnestäuschungen ein Handeln herbeigeführt wird;

b) dass den irgendwie entstandenen und beschaffenen Motiven eines strafbaren Handelns keine sittlichen rechtlichen Gegenvorstellungen mehr entgegentreten können, da diese entweder α) durch die Hirnkrankheit gleich anderen höheren psychischen Funktionen nicht erworben werden konnten oder verloren gegangen sind (angeborene und erworbene psychische Schwächezustände) oder β) durch in Folge der Erkrankung entstandene Störungen des Vorstellungsablaufs nicht mehr in das Bewusstsein eintreten können (Melancholie, Manie);

c) dass durch Wahnideen und Sinnestäuschungen das Selbst- und Weltbewusstsein gefälscht ist. Diese Störung kann soweit gehen, dass die ganze frühere Persönlichkeit in eine andere umgewandelt ist (Wahnsinn, Verrücktheit), so dass die Handlung von einer ganz anderen (krankhaften

psychischen Persönlichkeit als der früheren des Thäters
begangen wird. Die juristische Persönlichkeit ist hier dieselbe, die psychologische eine ganz andere geworden.

# I. Die psychischen Entwicklungshemmungen.

### Blödsinn. Schwachsinn. Taubstummheit.

Eine äusserst wichtige criminalpsychologische Categorie
von Menschen bilden diejenigen, bei welchen durch eine
angeborene oder in früher Lebenszeit eingetretene Hirnerkrankung die geistige Entwicklung auf der Stufe, welche
sie damals einnahm, stehen blieb, oder sich nur um ein
Geringes weiter bewegte. Es ergibt sich daraus eine lange
Reihe von Individualitäten, die einzeln mit einander ver-
glichen, ein Plus oder Minus darbieten, insgesammt aber
der geistigen Höhe eines normalen oder Durchschnittsmenschen gegenübergestellt, nie die criminelle Reife eines
solchen erreichen, die somit forensisch durchaus concret
und individuell behandelt werden müssen. Die Repräsen-
tanten dieser Categorie kann man als die Schwach- und
Blödsinnigen bezeichnen, forensisch-psychologisch gleich
stehen mit ihnen die Taubstummen.

Häufig handelt es sich um fötale Entwicklungskrank-
heiten des Gehirns, um zu frühzeitige Verwachsung der
Schädelnähte und dadurch gehemmte Gehirnentwicklung,
die sich dann auch in einer allgemeinen Kleinheit der
Schädeldurchmesser kundgeben kann; in der Mehrzahl der
Fälle sind aber Erkrankungszustände des Gehirns entzünd-
licher oder congestiver Natur in der Kindheit, Entzündungen
des Gehirns und seiner Häute, oder auch feinere, uns noch
unbekannte Störungen der Ernährung des Gehirns wie sie
unter dem Einfluss ungünstiger erblicher Verhältnisse der
Erzeuger, namentlich der Alkoholexcesse derselben sich
geltend machen, die hemmende Ursache. Es ist sogar wahr-

scheinlich, dass sonst geistesgesunde und nüchterne Eltern,
wenn der Moment der Zeugung zufällig mit einer Berauschung zusammenfällt, geistesschwachen bis blödsinnigen
oder auch epileptisch-blödsinnigen Nachkommen das Dasein
geben können.

Die Scala dieser Fälle von congenitalem oder vor be-
endigter Entwicklung eingetretenem Schwachsinn ist eine
unendlich variable. Auf der untersten Stufe stehen jene
absoluten und ganz bildungsunfähigen Idioten, deren Erkennung und forensische Würdigung freilich nicht schwer
ist, aber die Scala dieser geistigen Insufficienzen erstreckt
sich von diesen Nullen successiv bis zur Höhe der Vollsinnigen und es ergeben sich da wo sich der Zustand dem
Niveau der Durchschnittsmenschen zwar nähert, aber dieses
nicht erreicht, forensische Schwierigkeiten, wie sie nicht
leicht bei einem anderen Zustand zweifelhafter Geistesgesundheit entstehen können.

Eine Grundregel bei der Beurtheilung solcher Fälle
ist die, dass man synthetisch und nicht analytisch verfahre,
dass man die ganze Persönlichkeit nach allen Richtungen
auffasse und nicht nach einer Seite hin, die vielleicht besonders hervortritt, beurtheile. Gerade bei solchen Schwachsinnigen kommt es zuweilen vor, dass sie eine ungewöhnliche Begabung für gewisse artistische Leistungen z. B.
Musik, ein auffallend gutes Gedächtniss für gewisse Categorien z. B. Zahlen besitzen, während ihr geistiges Leben
nach allen anderen Richtungen sich steril und insufficient
erweist.

Bei der psychologischen Beurtheilung des Unterscheidungsvermögens solcher Individuen ist es ebenfalls von
höchster Wichtigkeit, dass man dies concret und nicht
abstrakt auffasse. Solche Schwachsinnige wissen z. B.
ganz gut, dass man nicht tödten, nicht stehlen darf, aber
sie wissen es nicht aus einem sittlichen und intellektuellen
Erkenntnissprocess, den sie selbst durchgemacht haben,
nicht aus einem selbsterworbenen Charakter heraus, der

das Gewicht ethischer und rechtlicher Motive geltend macht,
sondern sie wissen es nur abstrakt, sie reproduciren die
moralischen und rechtlichen Begriffe und Urtheile Anderer,
abstrakte Katechismus- und Moralbegriffe, die sie mühsam
ihrem Gedächtniss einverleibt haben. Ein solches abstraktes
Strafbarkeitsbewusstsein involvirt zwar ein allgemeines
Wissen was Gut und Böse ist, aber nicht die Fähigkeit,
dasselbe auf den eigenen concreten Fall anzuwenden, um
des Guten selbst willen sich frei für das Gute zu bestimmen. Bei Manchen sind auch statt der ethischen Begriffe „gut und böse" nur die niederen egoistischen der
Nützlichkeit und Schädlichkeit vorhanden. Legt man solchen Leuten die abstrakte Frage vor, ob diese oder jene
Handlung Sünde resp. Verbrechen sei, so bekommt man
oft eine ganz befriedigende Antwort von einem Menschen,
der vollkommen ausser Stand ist, von diesen abstrakten
Begriffen eine Anwendung auf den eigenen Fall, auf eigene
Bewusstseinszustände zu machen. Dann genügen die er-
borgten Begriffe nicht mehr.

In dieser Richtung wird unendlich oft die Verantwortlichkeit Schwachsinniger überschätzt. So wenig als im
intellektuellen Leben solcher Menschen eine harmonisch
sich vollziehende, vielleicht die eines Vollsinnigen über-
treffende Einzelleistung das Urtheil über die Gesammtleistungsfähigkeit präoccupiren darf, sollte bei der Beurtheilung des moralischen Ichs und der Höhe des Strafbarkeitsbewusstseins durch ein isolirtes abstraktes aber richtiges
moralisches Urtheil der Begutachter sich täuschen lassen.
Zu einem freien vernunftgemässen Handeln gehören höhere
Fähigkeiten, selbständig gebildete und tief ins Bewusstsein
eingelebte rechtliche ethische Begriffe und Urtheile — statt
dieser finden sich bei Schwachsinnigen vielfach nur frag-
mentäre Reste einer unvollkommenen Schulbildung, Ge-
dächtnissrudera halbverstandener Katechismusbegriffe.

Man hat sich viele Mühe gegeben, die individuell unendlich variirenden Fälle geistiger Infirmität und Imbecil-

lität in Categorien und Gradstufen einzutheilen und hat dabei mit mehr oder weniger Glück das Verhalten der Sprache als Kriterium benutzt.

Für forensische Zwecke genügt es vollständig, zwei Hauptcategorien aufzustellen, die der Blödsinnigen und die der Schwachsinnigen, wobei die Unterscheidung wesentlich darin zu suchen ist, dass bei ersteren die Bildung übersinnlicher Vorstellungen, Begriffe und Urtheile mangelt, bei letzteren zwar möglich wird, aber nicht den Reichthum und die Klarheit wie bei Vollsinnigen erreicht.

Der Blödsinnige: Auf der tiefsten Stufe des Blödsinns fehlen die geistigen Processe fast vollständig. Die Aufnahme von Sinneseindrücken beschränkt sich auf die Objekte, an welchen das Nahrungsbedürfniss befriedigt wird, und nur das sinnliche Bedürfniss der Befriedigung des Hungers veranlasst solche tiefstehende Organisationen zu einem triebartigen Bewegen, dem der bewusste Zweck mangelt. Der Geschlechtstrieb fehlt noch oder ist nur in Anfängen vorhanden. Auf einer weiteren Stufe zeigt der Geschlechtstrieb sich schon entwickelt, aber die Art seiner Befriedigung erinnert an die der Thiere und nicht selten beobachtet man hier ein zeitweiliges brunstartiges Hervortreten desselben. Die Befriedigung des Nahrungstriebs bildet noch immer den Mittelpunkt aller psychischen Vorgänge; statt eines bewussten mit einem vorgestellten Zweck verbundenen Strebens besteht ein blosser Bewegungsdrang, der nur durch äussere Anregung oder durch ein starkes sinnliches Bedürfniss zur Entäusserung kommt, und den höchstens Dressur und gewohnheitsmässige Uebung zu mechanischen Leistungen fähig machen. Der Blödsinnige verharrt in träger Ruhe, da es ihm an Motiven zum Bewegen fehlt. Auch seine ganze Haltung hat das charakteristische Gepräge des Schlaffen, Energielosen, das wesentlich dadurch zu Stande kommt, dass die Streckmuskeln geringer innervirt sind als bei Vollsinnigen. Gang und Haltung bekommen dadurch etwas Plumpes, Haltloses, Täppisches; nicht selten

finden sich auch Contracturen, Verbildungen der Extremi-
täten, Schwund einzelner Muskelgruppen, neben Schielen,
Stottern und andern Sinnesfehlern, in Folge angeborener
oder in frühem Lebensalter eingetretener Hirn- und Rücken-
markserkrankungen; zuweilen werden auch auf eine gleiche
Ursache oder auf noch fortbestehende Krankheitsprocesse im
Centralorgan beziehbare partielle Convulsionen, veitstanz-
und epilepsieartige Zustände gefunden. Die Schädelbildung
kann eine ganz normale sein, häufig ist aber die Stirn
flach, oder es finden sich die Formen der Macro-, der
Microcephalie oder des Cretinenschädels.

So verschiedenartig die Stufen des Blödsinns sein können, so besteht die trennende Schranke vom Schwachsinn
doch immer darin, dass die lückenhaften, spärlichen Vorstellungen sich nie vom sinnlichen Element losmachen können, dass das Vermögen allgemeine Vorstellungen und
Begriffe, Abstraktionen vom sinnlich Concreten zu bilden,
vollständig mangelt. Die Reproduktion etwa gebildeter
Vorstellungen ist unvollkommen, nur auf äussere Anregung
oder auf ein sich erhebendes sinnliches Bedürfniss erfolgend.
Die ganze Vorstellungsreihe läuft dabei rein mechanisch
ab, wie sie usrprünglich gebildet wurde. Gemüthlicher
Regungen ist der vollkommen Blödsinnige nicht fähig, Mit-
gefühl, sociale Gefühle sind ihm versagt, nicht einmal das
Bedürfniss eines socialen Lebens ist ihm gegeben, er ge-
niesst nur dessen Wohlthaten ohne alles ethische Verständniss für dessen Bedeutung. Nur nach einer Richtung ist
eine Reaktion möglich, nämlich wenn sein dürftiges Ich
eine Beeinträchtigung erfährt. Er reagirt darauf mit heftigen Affekten des Zorns, die geradezu überwältigend sind,
und in einer weit über das Ziel hinausgehenden brutalen
Weise entäussert werden. Sie haben durchaus das Gepräge
von Wuthparoxysmen, in denen das Bewusstsein vollständig
schwindet, und deren sich das Individuum hinterher gar nicht
erinnert. Zuweilen kommen solche Paroxysmen auch ganz
spontan und in periodischer Aeusserungsweise zur Beobachtung.

In der Mehrzahl der Fälle sind die criminellen Handlungen der Blödsinnigen durch solche pathologische Affekte vermittelt, sie begehen dann Todtschlag, Körperverletzungen, zerstören Mobiliar in äusserst brutaler Weise. Häufig sind es auch heftige sinnliche Begehren, die ebensowohl durch eine Steigerung der natürlichen Triebe, namentlich des Geschlechtstriebs, als durch den Mangel aller sittlichen ästhetischen, contrastirenden Vorstellungen unwiderstehlich werden. Planmässiger, von Combination und Ueberlegung zeugender Verbrechen ist der Blödsinnige nicht fähig. Die Casuistik besteht in Sittlichkeitsverbrechen, namentlich Unzucht mit Kindern und Nothzucht; häufig wird der öffentliche Anstand durch nicht genügend überwachte Blödsinnige verletzt. Brandstiftungen sind nicht sowohl Akte der Rachsucht und Bosheit als vielmehr Folge unbedachten kindischen Spielens mit Feuer, kindischer Lust am Sehen von Feuer ohne Bewusstsein der Bedeutung der That und ihrer Gefährlichkeit: nicht selten auch sind sie imitatorisch entstanden, geweckt durch das Sehen von Feuersbrünsten.

Der Schwachsinnige: Wir haben den Schwachsinn als eine Mittelstufe zwischen dem Blöd- und Vollsinnigen bezeichnet und gefunden, dass seine Merkmale gegenüber dem Ersteren in der Möglichkeit der Bildung abstrakter von dem sinnlichen Elemente losgelöster Vorstellungen (Begriffe) bestehen, die aber nicht den Umfang, die Deutlichkeit und Reichhaltigkeit wie beim Letzteren besitzen. Während gegenüber dem Blödsinnigen ein durchgreifender qualitativer Unterschied in Inhalt und Artung des Seelenlebens sich so bemerklich macht, findet sich nur ein quantitativer gegenüber der Sphäre des Vollsinnigen und es ist ersichtlich, wie mannigfach hier die Uebergänge sein müssen, wie schwierig die Bestimmung der Gränze, wo der pathologische Schwachsinn in die aus blosser Dummheit, mangelhafter Erziehung resultirende Unwissenheit und Beschränktheit des Vollsinnigen übergeht.

Deshalb sind Untersuchungen bezüglich der Leistungsfähigkeit vermuthlich Schwachsinniger, oft die schwierigsten gerichtsärztlichen Aufgaben, und eine theoretische
Darstellung muss darauf verzichten, alle die individuell so
verschiedenen Gradationen zu zeichnen und auf eine allgemeine mehr die tieferen Stufen berücksichtigende Darstellung sich beschränken.

Schon die Sinnesthätigkeit weist Defekte nach gegenüber der des Vollsinnigen. Die Aufnahme der Eindrücke
ist eine langsamere beim Schwachsinnigen, und viele Sinneswahrnehmungen entgehen ihm. Nothwendig ergibt sich
daraus ein geringerer Reichthum an Vorstellungen und
auch die sinnlich aufgenommenen werden nicht so vollkommen verwerthet, wie beim Vollsinnigen, indem Association und Reproduktion träger und lückenhaft ablaufen.

Die Bildung übersinnlicher Begriffe und Urtheile leidet
damit Noth, und das Urtheil in übersinnlichen Dingen ist
einseitig, unklar und durch fremde Autorität stark beeinflusst. Der Schwachsinnige ist leichtgläubig, wird leicht
düpirt, hat keine eigene Meinung, sondern stützt sich auf
die Anderer. Das innere Wesen, die feineren Beziehungen
der Dinge entgehen ihm, und ebenso unfähig ist er, falls
er wirklich einmal die Pointe der Sache erfasst hat, sie
mit dem richtigen Wort zu bezeichnen.

Sein Sprachschatz ist immer arm, sobald es sich um
übersinnliche Dinge handelt, während er in der ihm ad-
äquaten sinnlichen Sphäre sich genügend auszudrücken
vermag. Der dem Vollsinnigen innewohnende Drang, Grund
und Wesen der Dinge und der mit ihnen geschehenden
Veränderungen zu erforschen, fehlt ihm fast gänzlich, er
nimmt die Dinge, wie sie sind. Ein höheres geistiges
Interesse, ein zielvolles Streben ist ihm fremd; in der Befriedigung der gewöhnlichen materiellen Bedürfnisse des
Lebens geht sein ganzes Dasein auf, er hat keine Zeit
noch weniger Lust sich mit etwas Abstraktem zu beschäf-
tigen, das ihn langweilt und ihn unverhältnissmässige

Anstrengung kostet. Dieselbe Unzulänglichkeit wie auf intellektuellem zeigt sich auch auf ethischem Gebiet. Der Schwachsinnige ist nothwendig Egoist und überschätzt vielfach seine Person und Leistungen, wodurch er den Spott der Anderen herausfordert und sich zur Zielscheibe ihres Witzes macht, wie dies meist in der Gesellschaft der Fall ist. Das Wohl und Wehe der Mitmenschen berührt ihn nicht, nur Benachtheiligung der eigenen Persönlichkeit erzeugt stürmische Affekte, die dann leicht die Gränze der Norm überschreiten. Seine freudigen Affekte gehen dann wohl in tolle Ausgelassenheit über, seine depressiven in Wuth oder in Verwirrung, die namentlich leicht aus dem Affekt der Furcht erfolgt und in kopfloses Entsetzen ausartet. Der Schwachsinnige kann ein brauchbares Glied der Gesellschaft sein, insofern er eine eingelernte gewohnte Beschäftigung gut, ja wenn sie eine rein mechanische ist, noch besser als ein Vollsinniger verrichtet, eben weil er seine ganze Aufmerksamkeit ihr zuwendet und durch Nichts abgelenkt wird, aber diese Leistung verrichtet er maschinenmässig, ohne im Stande zu sein, sie zu ändern, etwas Neues zu combiniren und zu produciren.

Er hat keine eigenen und neuen Ideen, sondern zehrt von dem dürftigen Vorrath an Kenntnissen und Erfahrungen, die er sich mühsam erworben hat. Nothwendig fehlt ihm damit die Spontaneität, Aktivität, das plan- und zielvolle Streben des Vollsinnigen; ein geringfügiges Hinderniss genügt, um ihn ausser Fassung zu bringen, indem er es nicht zu überwältigen vermag, und bei seiner Unselbständigkeit bedarf es oft blos eines einfachen Abrathens, um den Erfolg seiner Willensbestrebungen zu vereiteln und diesen ein andres Ziel zu geben. Wegen dieser Leichtbestimmbarkeit sind aber solche Schwachsinnige auch durch Drohung, Einschüchterung, Autorität Anderer zu den schwersten Verbrechen zu bringen und werden nicht selten gefügige Werkzeuge in der Hand perverser Verbrechernaturen.

Höhere ästhetische, moralische Urtheile und Begriffe

sind kaum vorhanden, vielfach ebensowenig da als Abstraktionsvermögen und ein wirklich planvolles Streben. An ihre Stelle treten blos mnemonisch erworbene und automatisch reproducirte moralische Urtheile Anderer; fast alle religiösen ästhetischen rechtlichen Begriffe sind somit nur Gedächtnissleistungen und Schulreminiscenzen. Immerhin kann das Rechts- und Pflichtgefühl ziemlich gut entwickelt sein, nie ist es aber so tief auf ethische und abstrakte Begriffe gebaut wie beim Vollsinnigen und mehr eine halbbewusste Regung und Eingebung des Gewissens. Schon der physiognomische Ausdruck verräth in ausgeprägten Fällen, welch' Geistes Kind der Schwachsinnige ist.

Die Zurechnungsfähigkeit der Blödsinnigen ist aufgehoben, schon einfach aus dem Grund, weil übersinnliche Begriffe, abstrakte Urtheile ästhetischen moralischen, rechtlichen Inhalts hier nicht möglich sind. Eine Verkennung und falsche Beurtheilung ist kaum möglich, leider aber oft genug schon vorgekommen von Seiten von Aerzten, die sich durch einzelne Fertigkeiten und intellektuelle Leistungen blenden und zu unrichtigen Rückschlüssen auf die Gesammtleistungsfähigkeit verleiten liessen. Schwerer ist die Beurtheilung des Defekts bei gewissen Schwachsinnigen. Es gibt deren, die im gewöhnlichen Lebenskreis ganz gut zurecht kommen und selbst im Stand sind, in bescheidenen bürgerlichen Verhältnissen auf eigenen Füssen zu stehen. Kommen aber aussergewöhnliche Lebenslagen, oder versuchen sie in schwachsinniger Selbstüberschätzung sich einmal über ihre Sphäre zu erheben, so erleiden sie jämmerlich Schiffbruch und dokumentiren zur Genüge die Insufficienz ihrer Leistungsfähigkeit.

Nicht alle Schwachsinnigen können als unzurechnungsfähig bezeichnet werden. In dem Mass als ihr Rechtsbewusstsein entwickelt und ein wenn auch dürftiger Charakter vorhanden ist, sind sie einer rechtlichen Verantwortlichkeit fähig, wobei aber nicht zu vergessen ist, dass der Charakter

schwach, die Ueberschauung der rechtlichen Bedeutung der
That und ihrer möglichen Folgen beschränkt ist, die sittlichen und rechtlichen Gefühle gering entwickelt sind, vielfach auch die sinnlichen Antriebe, namentlich der Geschlechtstrieb, excessiv hervortreten, jedenfalls im Missverhältniss zu den schwachen sittlichen Gegenmotiven stehen.
Zudem sind die Associationen, überhaupt der ganze Vorstellungsgang träge und die Gegenmotive treten verlangsamt und verspätet ein, so dass das Ich leicht vom Antrieb überrumpelt und zur That gedrängt wird, bevor jene
Zeit haben sich Geltung zu verschaffen.

Wenn wir im Allgemeinen beim Schwachsinnigen eine
verminderte rechtliche Verantwortlichkeit annehmen können, so dürfte diese vollends auf ein Minimum, wenn nicht
auf Null sinken, sobald auf dem Boden des Schwachsinns
ein Affekt sich entwickelt und ein strafbares Handeln veranlasst. Die schwachen sittlichen Correktive treten in
solchem Fall gar nicht oder zu spät ein.

Der Taubstumme. Vgl. Deutsches Strafgesetz § 58,
Deutsches Gerichtsverfassungsgesetz § 188, Deutsche St.P.O.
§ 63, Abs. 2 und 3 § 298, Oesterr. St.P.O. § 164. Die
Oesterr. Entwürfe wollen durch den Zusatz (Entw. III.
§ 57): krankhafte Hemmung der Geistesthätigkeit — die
besonderen Bestimmungen über „Taubstumme" entbehrlich
machen (Mot.).

Zur Ausbildung der geistigen Anlage ist die Lautsprache das wichtigste Förderungsmittel. Sie kann allerdings durch Zeichen- und Schriftsprache einigermassen er-
setzt werden, aber die volle Klarheit des Gedankens und
Begriffs wird dadurch niemals erreichbar sein, abgesehen
von der erschwerten Gedankenmittheilung, die auf diese
Surrogate der Lautsprache verwiesen ist.

In dieser Lage befindet sich der Taubstumme, bei
welchem, bevor die Sprache erlernt oder der Sprachschatz
gefestigt war, unheilbare Taubheit eingetreten ist und die
wichtigste Eingangspforte für die geistige Entwicklung ver-

schlossen hat.   Bleibt der Taubstumme sich selbst überlassen, so ist er funktionell dem Blödsinnigen gleichzusetzen,
wird er Gegenstand einer Erziehung durch Zeichen-, Lippen-,
Schriftsprache, so vermag er eine beachtenswerthe, der des
Vollsinnigen nahestehende Stufe der geistigen Entwicklung
zu erreichen.

Die Höhe der geistigen Entwicklung, welche der Taubstumme erreicht, ist eine sehr variable, je nach Art und
Dauer der Erziehung und nach der geistigen individuellen
Anlage.   Es verdient Beachtung, dass die Ursache der
Taubstummheit häufig nicht im Ohr, sondern in Erkrankungen des Gehirns liegt, die geeignet sind die Fortent-
wicklung desselben zugleich organisch zu stören und dass
neben der Dürftigkeit und Erschwerung des geistigen Er-
werbs auch eine Schwäche der geistigen Anlage zugleich
mit dem Gehör- und Sprachdefekt bestehen kann.

Unter diesen Umständen ist es mit Bezug auf die
Frage der Zurechnungsfähigkeit Taubstummer geboten,
dass der Gesetzgeber auf deren Geistesfähigkeit Bedacht
nimmt.   Das Deutsche St.G.B. § 58 bestimmt, dass ein
Taubstummer, welcher die zur Erkenntniss der Strafbarkeit einer von ihm begangenen Handlung erforderliche
Einsicht nicht besass, freizusprechen ist.   Dieselben Gesichtspunkte und Bedenken ergeben sich somit hier wie
beim Unmündigen, nicht minder muss die Beurtheilung des
Unterscheidungsvermögens denselben Regeln, wie sie beim
Unmündigen und beim Schwachsinnigen geltend gemacht
wurden, folgen.

Die gesetzgeberische Bestimmung hat das Gute, dass
sie den Richter veranlasst, den Geisteszustand des Taubstummen in besondere Erwägung zu ziehen.   Da die intellektuelle Ausbildung bei diesen Unglücklichen sehr verschiedene Stufen aufweist, kann der Fall nur ganz concret
beurtheilt werden.   Bei dem Umstand, dass der Taubstumme niemals die volle Höhe der Geistesentwicklung des
Vollsinnigen erreicht, muss das Leiden als solches einen

gewichtigen Milderungsgrund in foro abgeben, selbst wenn das Unterscheidungsvermögen als genügend ausgebildet befunden werden sollte. Die Verschuldung wird in dem Masse sich vermindern, als die geistige Ausbildung gering ist und allenfalls Anhaltspunkte für eine gleichzeitige Verkümmerung der Hirnentwicklung sich ergeben. Die Verantwortlichkeit eines ohne Unterricht aufgewachsenen oder ohne Erfolg eines solchen theilhaftig gewesenen Taubstummen, ermittelt aus dem Kriterium des Unterscheidungsvermögens, ist Null und ein solcher dem Blödsinnigen gleich zu erachten. Nie kann und soll in foro eine Präsumption für die Zurechnungsfähigkeit eines Taubstummen gehegt werden. Es ist nicht zu übersehen, dass trotz des schon vorhandenen intellektuellen Moments des Unterscheidungsvermögens die zweite Grundbedingung der Zurechnungsfähigkeit — das Vermögen der Selbstbestimmung mangeln kann, z. B. durch concurrirende Affekte, durch complicirende Gemüthskrankheit. Die Ermittlung des Geisteszustands hat beim Taubstummen mit der Schwierigkeit eines geistigen Verkehrs zu kämpfen. Die Verwerthung der Zeichensprache ist eine unsichere, bedarf eines Taubstummenlehrers als Dolmetsch (Deutsches Gerichtsverfassungsgesetz § 188), sollte aber nicht vernachlässigt werden, selbst da wo der Gebrauch der Schriftsprache möglich ist. Je concreter und klarer die Fragestellung ist, um so eher ist von der Exploration ein befriedigender Erfolg zu gewärtigen.

## II. Die psychischen Entartungen.

Neben den psychischen Entwicklungshemmungen und im Uebergang von diesen zu den Geisteskrankheiten finden sich individuell äusserst verschiedenartige Zustände krankhaft gestörter Geistesthätigkeit, die das gemeinsame Merkmal aufweisen, dass bei ihnen die höchsten geistigen Funktionen verkümmert oder auch in perverser Erscheinungsweise sich

darstellen. Diese eigenartige Abweichung von der Norm
des Fühlens, Vorstellens und Strebens lässt sich als psychische Entartung (in funktionellem Sinn) der psychischen
Entwicklungshemmung einer- und der psychischen Krankheit andrerseits gegenüberstellen.

Diese psychischen Entartungen haben mit den Entwicklungshemmungen das gemeinsam, dass die organische
Ursache der Entartung in der Zeit des sich noch entwickelnden Gehirns zur Wirkung gelangt und der weiteren
Entwicklung des Seelenlebens eine krankhafte Richtung
vorzeichnet.

Aber diese schädigenden organischen Einflüsse sind
nicht so gewaltig, dass sie die weitere Entwicklung des
Geistes hemmen. Sie lassen allerdings nicht die intellektuelle Seite desselben intakt, jedoch nicht sowohl im Sinn
eines sofort greifbaren Schwach- oder Blödsinns, als vielmehr im Sinn einer funktionellen Schwäche der höchsten
geistigen Centren, deren Leistung sich als Vernunft, ethische
Anschauung, höheres Streben kurz bezeichnen lässt.

Das formale Denken, das Schliessen und Urtheilen ist
bei diesen Menschen im Allgemeinen richtig und unversehrt, aber die Bildung höherer sittlicher und vernünftiger
Grund- und Weltanschauungen, als Leitmotive eines ziel-
vollen Strebens gelingt nicht und damit erhebt sich das
Individuum nicht zur Höhe eines selbständigen Charakters
mit klarer Einsicht in den Werth, die Bedeutung und
Pflichten des individuellen Lebens in der Gesellschaft.

Die praktischen Folgen dieser Verkümmerung in den
höchsten geistigen Funktionen sind geistige Unselbständigkeit bis zur Unfähigkeit, sich eine sociale Stellung zu er-
ringen und in derselben zu behaupten, Unfähigkeit, den
aus der individuellen Natur sich entwickelnden unsittlichen
Regungen und Leidenschaften zum eigenen und gesellschaftlichen Besten hinreichenden Widerstand zu leisten, Unfähigkeit zu einem energievollen zielbewussten Denken und Streben, mit mangelhafter Einsicht in die Bedeutung und den

Werth der Mittel z. B. des Geldes für die Erreichung höherer Lebensziele. Der auf der Oberfläche der individuellen Erscheinung haftende Blick sieht in derartigen Existenzen den Vagabunden, Verschwender, sittlichen Schwächling, der in das Wesen derselben eindringende Beurtheiler erkennt in dieser mangelhaften oder selbst unsittlichen Lebensführung die nothwendigen Consequenzen einer funktionellen Schwäche der höchsten geistigen Funktionen, deren Gradabstufungen sich bis zu den ausgesprochenen Zuständen der Imbecillität herab erstrecken und den Uebergang zu den Schwachsinnigen der vorigen Gruppe darstellen.

Von den eigentlichen Geisteskrankheiten als erworbenen Krankheitszuständen eines vollentwickelten und bisher normal funktionirenden Gehirns unterscheiden sich diese psychischen Entartungen ausser der in der Zeit des sich erst entwickelnden Gehirns bereits zu Tage getretenen und stabilen Störung dadurch, dass hier nicht sowohl die intellektuelle Seite des Seelenlebens (Wahnideen, Sinnestäuschungen) als vielmehr die ethischen Beziehungen, das Triebleben, überhaupt der Charakter vorwiegend eine Abweichung von der Norm zeigen. Aber auch hier sind die Uebergänge fliessend, indem viele dieser Entartungszustände, als organische Belastungserscheinungen, die Grundlage bilden, auf welcher sich, oft langsam und unvermerkt, aber auch plötzlich, Irresein in vorübergehender Erscheinungsweise oder auch als dauerndes und endliches Krankheitsbild entwickelt.

In diesen Zuständen von Entartung ist somit der innerste Kern der geistigen Persönlichkeit und zwar noch in der Zeit ihrer Entwicklung getroffen. Der Charakter, d. h. die ganze habituelle Gefühls-, Anschauungs-, Denk- und Handlungsweise nimmt eine andere, jedenfalls pathologische Richtung. „Non sentiunt, non agunt, non ratiocinantur ut caeteri sanae mentis homines" (Zacchias). Unzählig sind, je nach individueller Organisation und daraus sich er-

gebender vorherrschender Triebrichtung, Anschauungsweise,
die speciellen Aeusserungsweisen dieser Entartungszustände.
Sie können sich unter dem Bild der Excentricität und zwar
wieder in religiöser, politischer, artistischer, literarischer
Richtung, entäussern, aber ebenso gut in Form lasterhafter,
verbrecherischer Lebensführung, sittlicher und gemüthlicher
Verschrobenheit, socialer Unverträglichkeit und Unerträglichkeit, häuslicher Tyrannei etc.

Die Bedeutung dieser organischen Belastungs- und
Entartungsphänomene in den höchsten Sphären des geistigen
Lebens ist keine geringe, insofern derartige Menschen in der
Gesellschaft viel häufiger vorkommen als die eigentlichen
Geisteskranken, als sie bei der Schwäche ihrer ethischen
und vernünftigen Leitmotive, ihren sinnlichen egoistischen
und damit vielfach unsittlichen Antrieben leicht erliegen und
die Strafgesetze verletzen, wobei ihre Belastung und Entartung
ihnen in der Bemessung ihrer Verschuldung billigerweise
gutgeschrieben werden muss. Dazu kommt der Umstand,
dass diese Entartungszustände unendlich schwieriger zu erkennen und zu beurtheilen sind als die eigentlichen Geisteskrankheiten, weil auch rein äussere Momente, wie z. B. fehlerhafte Erziehung, analoge Defekt- und Entartungserschei-
nungen bedingen, weil der abnorme Geisteszustand sich
nicht scharf von einer bisher gesunden Lebensperiode ab-
hebt, Wahnideen und Sinnestäuschungen in der Regel fehlen,
die Charakter- und speciell ethische Verkümmerung als
einfache Immoralität ohne alle krankhafte Grundlage um
so leichter imponirt, als eine leidliche Intelligenz mit for=
mal richtigem Urtheilen und Schliessen ihr gegenüber steht
und sie deckt.

Unmöglich können diese schweren Funktionsstörungen
in den höchsten Gebieten des geistigen Lebens bedeutungslos
für die Frage der Zurechnungsfähigkeit sein, deren Bedingungen ja gerade die Integrität dieser höchsten Funk-
tionsleistungen sind. Sie stellen, soweit sie Ausfalls- oder
Belastungserscheinungen im geistigen Mechanismus bilden,

gewichtige, die Schuldfrage mildernde Momente dar, die
eine den Menschen nicht abstrakt und wie er sein sollte,
sondern concret und wie er ist beurtheilende Justiz nicht
ignoriren darf. Aber diesen Zuständen gegenüber erweist
sich der einfache gesunde Menschenverstand zu ihrer Erkennung gänzlich ungenügend, selbst die ärztliche Wissenschaft vermag nur den concreten Fall bezüglich der Schwere
und des Umfangs der Entartungssymptome zu klären, die
allgemeine Diagnose auf das Bestehen einer krankhaften
Störung der Geistesthätigkeit zu machen, ohne das Gewicht
dieser Thatsachen für die Frage der Willensfreiheit oder
Zurechnungsfähigkeit entscheiden zu können. Diese schwie-
rigste aller Fragen muss dem Richter überlassen bleiben.

Für die Sicherheit der Rechtspflege ist es entscheidend, dass die ärztliche Wissenschaft den Nachweis einer
organischen Begründung der fehlenden oder perversen
Funktionen zu liefern vermag und damit den Unterschied
von der durch Erziehung und andere nicht organische und
darum zurechenbare Momente bedingten verkehrten und
verbrecherischen Lebensführung begründet.

Dann muss aber eine gerechte Justiz diese Resultate,
so unbequem sie auch sein mögen, anerkennen und die
Vagabunden, Verschwender, Excedenten, Querulanten, Verbrecher für das nehmen was sie sind, für Unglückliche,
deren Verschuldung mit anderem Mass gemessen werden
muss als die nicht krankhafter weil nicht belasteter Menschen.

Die entscheidenden Merkmale sind darin gegeben, dass
das abnorme perverse Fühlen, Denken und Streben sich
als ein durch organische Bedingungen gesetztes erweist,
als Ausdruck einer abnormen Beschaffenheit des Gehirns,
einer Hirnkrankheit. Es ist fraglich, ob der Nachweis derselben jemals in allen Fällen auf dem Sektionstisch geliefert werden wird. Zur Zeit entziehen sich die anato-
mischen Bedingungen der Entartung noch der Leichen-
diagnose, wenn von vereinzelten Befunden abgesehen wird.
Der Begriff der Entartung kann nur in funktioneller Auf-

fassung bestehen. Der Beweis kann nur aus den Störungen
der Funktion in erster Linie, dann aus der ursächlichen
Begründung dieser Zustände gewonnen werden. Der klinische funktionelle Beweis der Hirnkrankheit wird aber
gewonnen dadurch:

1. Dass vielfach bei solchen psychisch Entarteten Ueber-
bleibsel von ursächlichen, in der Entwicklungsperiode des
Gehirns eingetretenen Gehirnaffektionen nachweisbar sind
— Schielen, Stottern, krampfhaftes Zucken der Gesichts-
muskeln oder Lähmungen derselben, Pupillenveränderungen,
Lähmungen und Schwund von Muskelgruppen einzelner
Gliedmassen, Abnormitäten der Schädelentwicklung in Form
von Wasserkopf, zu kleinem oder verschobenem Schädel,
epileptische oder epilepsieartige Zufälle.

2. Diese Störungen lassen sich oft zurückführen auf
eine thatsächliche Hirnerkrankung, die mit Fieber, Convulsionen etc. in früher Kindheit auftrat, besonders häufig
zur Zeit des Zahnens.

3. Insofern schädigende Einflüsse schon in frühen Perioden des Eilebens innerhalb des mütterlichen Organismus
das Gehirn nicht selten trafen, kann Misswachs einzelner
Theile des Skelets und der Weichtheile bei solchen Entarteten nachweisbar sein (sog. anatomische Degenerationszeichen), z. B. Disproportion der Entwicklung von Gehirn-
und Gesichtsschädel, ungleiche Entwicklung der Gesichts-
hälften, Anomalien der Entwicklung der Ohren, des Munds,
des Gaumens, der Zähne, Misswachs der Glieder, der Geschlechtsorgane.

4. Das Gehirn erweist sich schlecht constituirt in sofern Reize, die bei der Mehrzahl der gut constituirten
Menschen wirkungslos bleiben, bei solchen Entarteten zur
Wirkung gelangen und eine ungewöhnliche heftige und aus-
gebreitete Reaktion hervorbringen.

Diese Resistenzschwäche des Gehirns zeigt sich vielfach besonders deutlich bei selbst leichten fieberhaften Erkrankungen, ferner gegenüber Gemüthsbewegungen, Alkohol-

genuss und gewissen Entwicklungszuständen des Körpers. Solche belastete Menschen deliriren ungewöhnlich leicht bei geringfügigen körperlichen Erkrankungen, sie gerathen bei geringfügigen Gemüthsbewegungen in Affekte von krankhafter Intensität und Dauer (s. u. pathologische Affekte), sie reagiren ungewöhnlich intensiv und entschieden abnorm auf Alkoholgenuss (s. u. pathologische Alkoholzustände) und verfallen in der Zeit der geschlechtlichen Entwicklung oder Rückbildung, in Schwangerschaft, Wochenbett etc. leicht in Nervenkrankheiten oder selbst Geisteskrankheiten oder schon früher vorhanden gewesene brechen zur Zeit dieser physiologischen Lebensvorgänge wieder aus.

5. Auch abgesehen von ausgesprochenen dauernden Nervenkrankheiten finden sich bei solchen Belasteten als dauernde Anomalie vielfach grosse nervöse Erregbarkeit, mannigfache abnorme Reaktionen auf klimatische Einwirkungen, besondere Nahrungsmittel, auf äussere psychische Eindrücke (Idiosynkrasien).

Die meist angeborene funktionelle Schwäche der Nervencentren disponirt solche nervöse Menschen zum Genuss geistiger Getränke als eines vorübergehend die Nervosität angenehm beeinflussenden Reiz- und Genussmittels und unter dem deletären Einfluss des Alkoholgiftes entwickeln sich dann auf dem Boden der organischen Belastung die schwersten Zustände psychischer Entartung.

6. Die geistig-körperliche Entwicklung derartiger Individuen ist vielfach eine abnorm frühe oder verspätete.

7. Häufig ist der Geschlechtstrieb ein krankhafter in sofern er a) ganz fehlt, womit dann in der Regel ein Defekt ethischer socialer Gefühle verbunden ist; b) indem er abnorm stark bis zu zeitweisem brunstartigem Auftreten sich zeigt, vielfach auch abnorm früh c) oder pervers. Hier kann der Geschlechtstrieb wieder auf Personen des anderen Geschlechts gerichtet sein, aber er drängt nicht zum Beischlaf als der natürlichen Befriedigung, sondern zu irgend welchen unzüchtigen Handlungen als Aequivalent des Bei-

schlafs oder die geschlechtliche Brunst findet nicht im geschlechtlichen Akt Ziel und Befriedigung, sondern erst in
der Tödtung und Verstümmlung des Opfers der Lüste
bis zum Genuss von Theilen der Leiche. Dahin gehören
auch seltene Fälle von Leichenschändung und gewisse von
Sodomie.

In anderen Fällen fehlt der Trieb zum anderen Geschlecht in Folge einer angeborenen Verkehrung der Ge-
schlechtsempfindung. Die Individuen fühlen sich zu ge-
schlechtlichem Verkehr mit Personen ihres eigenen Geschlechts hingezogen und verabscheuen geradezu den mit
solchen des anderen Geschlechts (sog. conträre Sexual-
empfindung).

8. Ueberaus mannigfach sind die Abnormitäten der
psychischen Funktionen bei diesen Entartungszuständen.
Wahnideen und Sinnestäuschungen sind nie oder höchstens
gelegentlich affektartiger Zustände oder Uebergenusses
von Spirituosen auffindbar, die formalen Denkprocesse vollziehen sich bei oberflächlicher Betrachtung normal und
ein greifbarer Schwachsinn wird in der Regel vermisst.

Damit erscheint für den oberflächlichen Beurtheiler
die geistige Sphäre unversehrt und die allerdings auffällige
unsittliche Lebensführung eine rein verbrecherische. Aber
diese Annahme ist eine grobe Täuschung.

Niemals ist die moralische Defektuosität eine isolirte
Erscheinung.

Immer geht sie mit anderweitigen Abnormitäten der
höheren geistigen Processe Hand in Hand. Im einen Fall
besteht sie im Mangel einer zu einer geordneten Lebensführung und sicheren Lebensstellung erforderlichen Erkenntniss der Mittel und Ziele, in einer auffälligen Willens-
und Charakterschwäche, Unfähigkeit egoistischen und unsittlichen Impulsen Widerstand zu leisten, selbst wenn der
Verstand so weit reicht, um die Einsicht in das dem eigenen
Interesse Zuwiderlaufende der Handlung zu erkennen.

In einem andern Fall überrascht die Verschrobenheit

der Gefühle, Anschauungen, Neigungen, die Ueberspannt-
heit, Leidenschaftlichkeit der Reaktionsweise, die Einseitig-
keit gewisser Gedanken- und Willensrichtungen bei Stumpfheit für viel näher liegende sociale Fragen und Pflichten,
die Ungleichheit der geistigen Begabung bis zur partiellen
Genialität in artistischer Hinsicht bei wahrer Imbecillität
in Bezug auf ganz gewöhnliche Anlagen und Fähigkeiten,
die Unstätigkeit des Wesens, die Ungleichheit der Handlungsweise in denselben Lagen zu verschiedenen Zeiten.
Es finden sich eben bei solchen Menschen, wie ein bedeutender englischer Irrenarzt (Maudsley) hervorhebt, Eigenthümlichkeiten im Denken, Fühlen und Handeln, die bei
der ungeheueren Mehrzahl der übrigen Menschen nicht beobachtet werden. Die Gedankenverbindungen sind ungewöhnlich, die Gefühle abweichend, selbst pervers, die Handlungen erfolgen auf Motive, auf die Andere nicht oder nicht
in gleicher Weise reagiren würden. Selten fehlt eine abnorme Gemüthsreizbarkeit, häufig besteht ein grundloser
Stimmungswechsel, ein beständiger Wechsel von depri-
mirten und exaltirten Stimmuugslagen. Zu einem anhal-
tenden scharfen Denken sind solche Menschen unfähig, ihre
Ideenassociation ist vielfach eine ganz sonderbare, ihre
Fähigkeit, Eindrücke wiederzugeben, eine ungenaue.

Nicht selten geschieht es, dass solche Menschen ganz
unüberlegt handeln, d. h. ohne sich eines Motivs vor oder
nachher bewusst zu sein. Solche „impulsive" Handlungen,
oft ganz verkehrten, excentrischen, selbst unsittlichen Charakters, können sogar in bestimmten Zeitintervallen und in
genau derselben Weise wiederkehren.

Die Haltlosigkeit, Verschrobenheit der Gefühle und
Anschauungen, die geistige Unselbständigkeit dieser Leute,
tritt, gleichwie beim Schwachsinnigen, im ruhigen Geleise
des Alltagslebens vielleicht wenig hervor oder wird als
blosse Excentricität, Originalität gedeutet. Kommen derartige Individuen aber in Lebensconflikte, affektvolle Aus-
nahmsstellungen u. dgl., dann zeigt sich ihre Verschroben-

heit in absurden Motiven, kopflosen Handlungen. Ein
treffliches Beispiel ist jener in Friedreich's Blättern 1879
mitgetheilte Fall des Richters, der seine Frau im Todes-
kampf nicht länger leiden zu sehen vermochte und erschoss.

9. Das zweifelhafte Krankheitsbild ist dadurch motivirt,
dass solche Individuen in der Regel von geistes- oder nervenkranken, charakterologisch abnormen oder trunksüchtigen Erzeugern abstammen oder dass schwere in der Kindheit überstandene Kopfverletzungen oder Hirnkrankheiten
nachweisbar sind. In einzelnen dieser Fälle, wo die Ursache der psychischen Entartung eine erworbene war, ge-
lang auch der Nachweis, dass die psychische Entartung
von der Zeit der zur Geltung gelangten Ursache herdatirte.

10. Die Geneigtheit derart Belasteter in ausgesprochene
Geisteskrankheit zu verfallen, ist eine äusserst grosse. Sehr
häufig geschieht dies in der Haft. Es besteht dann die
Gefahr, dass die wirkliche Geistesstörung für eine simulirte
gehalten wird, zumal da auf solch degenerativem Boden
psychische Erkrankung von dem gewöhnlichen Bild abzu-
weichen pflegt.

Der Nachweis einer Anzahl dieser diagnostischen Zeichen
muss jeden Zweifel über das Bestehen eines psychischen
Entartungszustands beseitigen.

Bei der grossen individuellen Verschiedenheit der Be-
lastungs- und Entartungszeichen kann eine allgemeine Formel
für die Beurtheilung der Zurechnungsfähigkeit nicht aufgestellt werden.

Bei blosser allgemeiner Verschrobenheit wird die
Annahme mildernder Umstände im weitgehendsten Mass
den Belastungsthatsachen gerecht werden. In Affekten
und anderen psychischen Ausnahmezuständen können die
Bedingungen der Zurechnungsfähigkeit jedenfalls gänzlich verloren gehen. Es ist dann die schwierige Aufgabe des Gerichtsarzts, nachzuweisen inwieweit die impulsiven Antriebe, perversen Gelüste, leidenschaftlichen
Stimmungen, affektvollen Erregungen solcher Menschen mit

krankhafter Stärke und organischer Nöthigung sich geltend
machten.

Da wo die Entartung temporär oder dauernd in aus-
gesprochene Geisteskrankheit übergegangen ist, wird die Auf-
hebung der Zurechnungsfähigkeit keinem Zweifel begegnen.
Als grell hervortretende Erscheinungsweisen psychischer
Entartung verdienen das sog. moralische und impulsive
Irresein besondere Erwähnung.

## 1. Das moralische Irresein.

Es gibt Individuen, die, trotzdem dass sie mitten in
dem Culturleben eines hochcivilisirten Volkes aufgewachsen
sind, dennoch die Früchte dieses Culturlebens nicht assimilirt
haben und zur Bildung sittlicher Gefühle, Vorstellungen,
Urtheile nicht gelangt sind. In der Ungezügeltheit ihrer
sinnlichen Triebe und egoistischen Gelüste stehen sie auf
annähernd gleicher Stufe mit Wilden. In der That sind
ihnen die Grundlagen, auf denen sich der moderne Cultur-
und Rechtsstaat aufbaut, unfassbar, Recht und Sitte unver-
ständlich und nichts anderes als lästige Schranken, die ihr
Egoismus fortwährend zu durchbrechen geneigt ist, miss-
achtend die natürlichsten und geheiligten Rechte des Einzelnen wie der Gesellschaft.

Es gibt Fälle, wo der Defekt sittlicher Gefühle und
Anschauungen sich aus mangelnder oder schlechter Erziehung erklärt, aber diesen stehen solche gegenüber, wo
Erziehung und Beispiel tadellos waren und dennoch der
moralische Sinn sich nicht entwickelte. Auffällig für den
Psychologen ist, dass bei solchen Individuen vielfach schon
in sehr frühem Lebensalter die schlechte Gesinnung und
Bosheit hervortraten, zu einer Zeit wo von dem Einfluss
bösen Beispiels noch nicht die Rede sein konnte.

Das psychologische Räthsel findet seine Lösung in dem
Nachweis, dass in derartigen Fällen von ungewöhnlich früh
und grell zu Tage tretender Bösartigkeit der Gesinnung

die Abstammung von irrsinnigen, nervenkranken oder trunksüchtigen Eltern vorliegt und mit der Annahme, dass die
Unfähigkeit, das zu erwerben was integrirendes Moment
im geistigen Dasein eines der Cultur und Erziehung
des modernen Staats theilhaftig gewesenen Menschen sonst
ist, eine funktionelle Schwäche oder Ausfallserscheinung
eines inferior organisirten, degenerativen, belasteten Gehirns darstellt.

Diese Annahme findet ihre Stütze darin, dass die
ethischen Gefühle und Urtheile die höchsten geistigen
Leistungen in der funktionellen Entwicklung des menschlichen Gehirns sind und bei gewissen organischen Erkrankungen desselben oft lange schon geschwächt oder
vernichtet erscheinen, bevor greifbare Störungen der Intelligenz auftreten.

Jedenfalls ist die ethische Leistung des Menschen eine
funktionelle Aeusserung seines Gehirns wie die des Ver-
standes und der Ausfall dieser Leistung trotz gebotener
Gelegenheit zu ihrer Erwerbung eine krankhafte Erscheinung gleichwie ein Sinnesmangel.

Der Mangel des moralischen Sinnes aus organischer
defekter Anlage hat im socialen Leben des Culturstaats
aber den gleichen praktischen Erfolg wie die mangelnde
Weckung des moralischen Sinns durch defekte Erziehung
oder wie die bewusste und willkürliche Aufgebung sittlicher
Principien. Der Betreffende entbehrt der sittlichen Correktive seines Handelns, wird zum Verbrecher. Anders ist
es mit seiner Verschuldung. Der durch Defekte seiner
Hirnorganisation Unsittliche ist eine ganz andere Persönlichkeit als der durch eigene Schuld unsittlich Gewordene.
Jener ist nur dem Schein nach ein Verbrecher; er unterscheidet sich von dem wirklichen geradeso wie der Schwachsinnige von dem Dummen, welcher der Wohlthat einer
Schule nicht theilhaftig wurde oder aus Faulheit die ihm
gebotene Gelegenheit nicht benutzt hat.

Die Wahrheit, dass es sittlichen Defekt aus krank-

hafter Organisation des Gehirns gebe, hat schon Regio-
montanus 1513 erkannt, insofern er behauptete, dass es
boshafte, unsittliche Menschen gebe, die ihre Bosheit nicht
aus sich selbst hätten und trotzdem von den Rechtsgelehrten
gehängt würden. Was der Naturforscher des 16. Jahrhunderts dem Einfluss der Gestirne (Geborensein im Zeichen
der Venus) zuschrieb, sucht eine fortgeschrittene Zeit natur-
wissenschaftlicher Aufklärung aus abnormen Organisations-
verhältnissen des Menschen zu erklären.

Ein Versuch in das Erscheinungsbild des krankhaft
moralisch Entarteten einzudringen, ermittelt zunächst ein
Fehlen moralischer Gefühle, Vorstellungen, Urtheile. Es
gibt leichtere Fälle (moralischer Schwachsinn), wo zwar
die sittlichen Urtheile und Anschauungen moralisch Vollsinniger dem Individuum geläufig und abstrakt reproducirbar
sind, aber sie bleiben von sittlichen Gefühlen unbetont und
damit todte, für das eigene Handeln werthlose Vorstellungs-
massen.

Als schwerere Fälle (moralischer Blödsinn) sind diejenigen anzusehen, wo nicht blos das ethische Gefühl
mangelt, sondern auch die Intelligenz die rechtlichen und
sittlichen Anschauungen Anderer nicht zu fassen vermag.

Ein solcher Defektmensch vermag Bedeutung und
Werth einer intendirten That nur aus ihrem Nutzen oder
Schaden für das eigene Interesse zu beurtheilen und schöpft
daraus Opportunitätsgründe für ihre sofortige Begehung
oder Verschiebung in gelegenerer Zeit.

Sitte und Gesetz sind solchen Menschen nur hemmende lästige Schranken für die Befriedigung egoistischer
Impulse, der Rechts- und Culturstaat erscheint ihrem sittlich blöden Auge nur als ein Polizeistaat, dessen catego-
rischer Imperativ, wenn sie mit ihm in Conflikte gerathen,
sie nur als Vexationen empfinden. Sie lehnen sich gegen
ihn auf und gerathen in leidenschaftliche Erregungszustände.
Bei ihrer sittlichen Idiotie kennt dann ihre Brutalität und
Rücksichtslosigkeit keine Schranken.

Der tiefeinschneidende Mangel des ethischen Sinnes macht solche Individuen unempfindlich für die Interessen und die Pflichten des socialen Lebens. Sie sind ebenso unempfindlich für sittliche Werthschätzung durch Andere. Eine nothwendige Consequenz ist der Mangel jeglicher Gewissensregung und Reue. Die schwerste Verletzung des Strafgesetzes erscheint ihnen nur als eine Uebertretung einer polizeilichen Vorschrift. Solche Entartete sind unfähig sich im Rechts- und Culturstaat zu behaupten. Ihre Hand ist gegen Jedermann. Sie verfallen nothwendig einer Verbrecherlaufbahn, die, je nach wissenschaftlicher Erkenntniss, welche die Gesellschaft solchen Unglücklichen gegenüber besitzt, mit dem Zucht- oder Irrenhause abschliesst.

Sie finden dieses traurige Ende, nachdem sie schon als Kinder durch ihre Faulheit, Lügenhaftigkeit, Gemeinheit, monströse Grausamkeit gegen Altersgenossen, Thiere, der Schrecken der Eltern und Lehrer, als junge Leute bei ihrem Hang zu Unsittlichkeit, Prostitution, Vagabundiren, Verschwenden, Betrügen und Stehlen die Schande der Familien, die Plage der Gemeinden, der Polizei- und Justizbehörden gewesen waren.

Die wissenschaftliche Erfahrung vorgeschrittener ärztlicher Forschung lautet dahin, dass der Mangel sittlicher Gefühle, wenn er auf psychologische äussere Momente einer mangel- oder fehlerhaften Erziehung nicht zurückführbar ist, durch organische krankhafte innere Bedingungen seine Erklärung findet.

Dieser Erkenntniss darf sich eine vorurtheilsfreie, gerechte und von metaphysischen Anschauungen befreite Strafrechtspflege nicht mehr verschliessen. Sie muss individualisiren, nicht blos das Verbrechen, sondern auch den Verbrecher würdigen. Sie darf nicht den Verbrecher aus defekter, vielleicht nachzuholender Erziehung mit dem Scheinverbrecher aus defekter und einer Ausgleichung unzugänglichen Hirnanlage verwechseln.

Erfüllt sie diese Forderung, so wird sie die kostspielige und mühsame Zucht und Erziehung des Strafhauses nicht an moralisch Unheilbare verschwenden, durch Misserfolge auf dem Gebiet des Strafvollzugs (bedingte Entlassung, Entlassung auf Widerruf etc.) und leidige Rückfälle nicht so häufig beunruhigt und abgeschreckt werden und durch lebenslange Verwahrung von moralisch irrsinnigen Scheinverbrechern besser die vitalen und socialen Interessen der Gesammtheit wahren.

Es ist für die Strafrechtspflege von äusserster Wichtigkeit, dass die ärztliche Wissenschaft, welche die Lehre von einem moralischen Irresein aufstellt, auch im concreten Fall in der Lage sei, sicher die organisch-krankhafte Begründung eines moralischen Defekts nachzuweisen. Die rein psychologische Analyse des Falls, bezw. der gesunde Menschenverstand vermag diesen nur klinisch zu gewinnenden Nachweis nicht zu liefern, er kann höchstens Vermuthungen an die Hand geben.

Solche müssen aber dem Richter daraus erwachsen, dass ein Individuum ungewöhnlich früh, nach Umständen ohne Verführung bösartig und als ein socialer Rebell erschien, eine ungewöhnliche Bösartigkeit und Gefährlichkeit zeigte, selbst den Einflüssen des Strafhauses incorrigibel erschien, immer wieder rückfällig wurde, eine ausserordentliche Perversität und Gefühlsrohheit in der Begehung von Unthaten bekundete, cynisch, reuelos als Angeschuldigter sich erwies.

Jedenfalls sollte der schlechte Leumund nicht vorweg als Beweis für die verbrecherische Gesinnung und Zurechnungsfähigkeit des Thäters genommen, sondern vielmehr aus einem von Kindsbeinen auf bösen Leumund eher eine Vermuthung im Sinn einer organisch belastenden Ursache der schlechten Lebensführung geschöpft werden.

Aber alle die allgemein psychologischen Momente der Mächtigkeit, Absurdität, Perversität, Monstrosität der verbrecherischen Antriebe, nicht minder die Unvorsichtigkeit,

Rücksichtslosigkeit, Grausamkeit, mit der sie befriedigt,
der Cynismus, mit dem sie bekannt werden, die Kaltblütigkeit und Reuelosigkeit solcher Menschen sind nicht entscheidend, da sie auch beim Gewohnheitsverbrecher aus
defekter Erziehung und zurechenbarer Verkommenheit sich
finden können. Nur die ärztliche Expertise kann hier
Klarheit verschaffen. Leider wird sie viel zu selten an-
geordnet und aus der Monstrosität und Perversität des Verbrechers vorweg seine Zurechnungsfähigkeit vermuthet.
So urtheilt das empörte sittliche Gefühl der Volksmasse,
so darf aber nicht der kalt erwägende Verstand des Rechtsgelehrten urtheilen. Für die gerichtsärztliche Expertise liegt
das Entscheidende der Aufgabe in der Zurückführung des
ethischen Defekts auf einen Zustand psychischer Entartung. Jener bleibt vorläufig nur ein zweifelhaftes Symptom, solange dieser Nachweis nicht geliefert ist.

Die nächste Frage wird nach dem Vorhandensein
gleichzeitiger intellektueller Defekte gerichtet sein. Kann
moralisches Irresein als rein ethische Anomalie vorkommen,
ohne dass zugleich Intelligenzstörungen beständen?

Diese Annahme muss entschieden verneint werden. In
vielen Fällen besteht ein greifbarer intellektueller Schwachsinn; häufiger allerdings sind die niederen intellektuellen
Funktionen, die Fähigkeit des Wahrnehmens, Schliessens, Ur-
theilens unversehrt, aber nie fehlen Ausfallserscheinungen in
den höchsten geistigen Leistungen, die man der „Vernunft"
zuzuschreiben pflegt. Es fehlt die Einsicht in Zweck und
Bedeutung des individuellen Lebens, Einsicht sogar in die
Bedeutung der Mittel z. B. des Geldes, das solche geborene
Verschwender sinnlos vergeuden, ohne für die dringendsten
Lebensbedürfnisse vorzusorgen. Trotz aller Schlauheit und
Ausdauer, wenn es sich um Befriedigung ihrer unsittlichen
Impulse handelt, sind solche Entartete doch zu einem eigent-
lichen Lebensberuf, zu einer geordneten Thätigkeit unfähig.
Sie sind nicht blos unvernünftig, sondern auch unpraktisch,
nicht blos einsichtslos für das Unsittliche, sondern auch

für das positiv Verkehrte, ihren materiellen Interessen Schädliche ihres Thuns und Lassens. Arbeit, Broderwerb sind ihnen Gräuel, Vagabundiren, Prostitution, Bettel, Diebstahl ihr eigentlicher Beruf. Die trübsten Erfahrungen, welche sie im Leben machen, bleiben intellectuell unverwerthet, geschweige dass sie Gefühle der Reue als Anfang eines sittlichen Erkenntnissprocesses erwecken könnten, dem ihr sittlich blindes Auge verschlossen bleibt.

Trotz dem formell logischen Denken, trotz Beweisen von instinktiver Schlauheit in ihren verbrecherischen Unternehmungen überrascht doch wieder das vielfach auffällige Ausserachtlassen der gewöhnlichsten Regeln der Klugheit. Dieser nur aus intellektueller Beschränktheit erklärbare Mangel an Voraussicht darf nicht als Kühnheit und Frechheit einer perversen Verbrechernatur vorweg gedeutet werden. Bei vielen moralisch Irren zeigt ein tieferes Eindringen, wie mangelhaft auch ihre intellectuelle Bildungsfähigkeit und Ausbildung, wie beschränkt ihr logisches Urtheilen, wie einseitig und verschroben ihr Ideengang ist.

Dazu kommt eine oft grell hervortretende formale Störung ihres Vorstellens — eine Schwäche der Reproduktionstreue, die kaum Erlebtes in ganz entstellter Form wiedergibt und solche Individuen zu (geborenen) Lügnern wenigstens dem äusseren Schein nach macht.

Die weitere Forschung hat im Einzelfall jene Kennzeichen zu ermitteln, die oben als für psychische Entartung überhaupt sprechend, namhaft gemacht wurden. Ganz besonders häufig und wichtig sind hier anatomische und funktionelle Entartungsphänomene, Intoleranz gegen Alkohol und demgemäss pathologische Alkoholreaktionszustände, krankhafte Gemüthsreizbarkeit und pathologische Affekte, Epilepsie und epilepsieartige Erscheinungen, hysterische Symptome, sporadische Symptomencomplexe von Geistesstörung, oft untermischt mit Simulationsversuchen, namentlich wenn solche Individuen der Freiheit beraubt werden. Auch die unsittlichen Handlungen liefern manchen

Fingerzeig für das Pathologische der Gesammtpersönlichkeit, insofern sie vielfach aus krankhaft gesteigerten, selbst perversen natürlichen Trieben, mit impulsivem Charakter und periodischer Wiederkehr auftreten. Die ätiologische Erforschung des Falles ermittelt die 'Abstammung von irrsinnigen, trunksüchtigen, epileptischen, jedenfalls belasteten Erzeugern, Irresein und andere Belastungserscheinungen in der Blutsverwandtschaft und Nachkommenschaft, oder, in seltenen Fällen, Kopfverletzungen und andere Hirninsulte in frühen Jahren, von denen an der Charakter eine schlimme Richtung nahm und die Entwicklung des moralischen Sinnes zurückging.

Das Schwergewicht dieser psychiatrischen Thatsachen wird keine spekulative Psychologie und Metaphysik zu erschüttern vermögen. Die Anerkennung der psychischen Entartungszustände von Seiten der Strafrechtspflege kann nicht ausbleiben.

Die Frage nach der rechtlichen Verantwortlichkeit solcher Defektmenschen ist eine schwierige.

Im Allgemeinen kann eine solche für sie nicht geläugnet werden, denn sie besitzen eine formale Kenntniss des Rechts, sie zeigen Willkür des Handelns, insofern sie, ausgenommen bei sog. impulsiven Akten, aus Opportunitätsgründen die Handlung begehen und unterlassen können. Aber das Recht erscheint ihrem sittlich blöden Auge nur als eine lästige Polizeivorschrift, der ganze Rechtsstaat nur als ein vexatorischer Polizeistaat, das schwerste Verbrechen höchstens als eine Uebertretung. Ihre Gegenmotive für eine intendirte Handlung schöpfen sie nicht aus sittlichen Vorstellungen, die gänzlich fehlen oder wenigstens unerregbar durch Gefühle sind, sondern aus Opportunitätsgründen der Befriedigung egoistischer Gelüste nach Massgabe günstiger Umstände für das Gelingen der intendirten Handlung.

Will der Richter solche der Selbstführung und Selbstcontrole aus Defekt der höchsten geistigen Funktionen bare

Menschen bestrafen, so könnte er es logischerweise nur
insoweit thun, als er sie als Uebertreter polizeilicher Vorschriften, nicht als Verbrecher trotz objektivem Thatbestand eines schweren Verbrechens strafte. Das geht nicht an
nach dem Strafgesetz, aber auch nicht wegen der Interessen
der Gesellschaft, die dauernd vor solchen gemeingefähr-
lichen Entarteten durch lebenslängliche Internirung derselben geschützt werden muss, der nicht gedient ist, wenn
man die Straftaxen des Gesetzbuchs auf sie anwendet und
sie nach abgesessener Strafe auf die Gesellschaft wieder
loslässt. Die ärztliche Wissenschaft erweist die hohe Gemeingefährlichkeit derartiger Menschen, zugleich aber auch
die Incompetenz des Forums der Moral, indem sie den sittlichen Defekt auf organische Bedingungen zurückführt,
solche Unglückliche von den eigentlichen Verbrechern los-
löst, für sie neben dauernder Verwahrung eine humane
Behandlung fordert und eine Ehrenrettung an der menschlichen Gesellschaft vollbringt, die sich schaudernd und be-
schämt von gewissen moralischen Scheinverbrechern aller
Zeiten abwendet.

Für die Entfernung aus der Gesellschaft und die Unterbringung dieser Entarteten, voraussichtlich auf Lebens-
dauer, muss durch asylartige Detentionsanstalten vorgesorgt
werden, die ein Zwischending bilden zwischen der modernen
Irren- und der Strafanstalt.

Die letztere ist eine Ungerechtigkeit, denn diese Entarteten sind Verbrecher nur dem Scheine nach. Die Strafe
kann sie nicht bessern oder heilen, sondern ihren psychisch
abnormen Zustand nur verschlimmern und ihre Reaktionsweise auf die Zuchtmittel des Strafhauses führt zu pathologischen Affekten, zu Geistesstörung, mindestens aber zu
endlosen Unbotmässigkeiten und disciplinarischen Massregelungen, die die Beamten des Strafhauses von ihrem
eigentlichen Beruf, moralisch besserungs- und heilungsfähige
Verbrecher zu behandeln, abhalten und die Zwecke des
kostspieligen Strafhauses illusorisch machen. Aber auch

für die Unterbringung in gewöhnlichen, immer mehr den
freien Verpflegsformen zustrebenden Irrenanstalten sind
solche Entartete absolut ungeeignet. Man verschone jene
mit solchen Individuen, wenn man nicht den wichtigen
humanitären Zweck des Irrenhauses, seine Ruhe und Sicherheit in Frage stellen will! Am Besten dürften für diese
Unglücklichen die sog. Verbrecherasyle oder Irrenabthei-
lungen der Gefängnisse (s. o.) sich eignen.

## 2. Das impulsive Irresein.

Bei belasteten psychisch entarteten Menschen können
plötzlich, ohne intellektuelles Motiv, Antriebe zu strafbaren
Handlungen auftreten, und mit solcher Stärke sich geltend
machen, dass die triebartige Handlung unmittelbar, ohne
dass eine Ueberlegung der Mittel und des Zwecks, der
Bedeutung der Handlung und ihrer Folgen möglich wäre,
erfolgt. Ein etwaiger Versuch des Kranken, dem blinden
organischen Drang Widerstand zu leisten, ruft heftige be-
klemmende Angst hervor und bildet einen weiteren Impuls
zur Begehung.

Kaum ist die That geschehen und die entlastende
Wirkung auf das Bewusstsein hervorgebracht, so beurtheilt
sie der Thäter nach ihrer ganzen Schwere. Er erschrickt,
bereut und findet einigermassen Beruhigung darin, dass er
seine That nicht gewollt, geplant hat, sondern zu ihr durch
einen unerklärlichen inneren Zwang gedrängt war. Die
That erscheint ihm als ein Verhängniss. Er zittert vor
dem Gedanken einer Wiederholung und sinnt auf Mittel,
Einsperrung, Binden u. s. w., um eine solche zu verhüten.

Meist gehen der Katastrophe Vorboten des Sturmes
in Form von Gemüthsbeklemmung, Gereiztheit, Gedrückt-
heit, Aufgeregtheit vorher und setzen derartige Unglückliche dann in den Stand Warnungsrufe zu geben, Vor-
kehrungen für die Sicherheit des eigenen oder fremden
Lebens noch zu treffen.

Ein logisches intellektuelles Motiv sucht der Kranke wie der Beurtheiler vergebens. Die That entsprang nicht der Sphäre des bewussten Seelenlebens, sondern der Tiefe des unbewussten. Ihre auslösenden Bedingungen waren mächtig und plötzlich sich geltend machende Stimmungen, organische Gefühle, Triebe, die sich zur treibenden Vorstellung verdichteten. Diese kann die Bedeutung einer Zwangsvorstellung bekommen oder auch zur imperativen Hallucination werden.

Die triebartige Handlung kann auf Mord, Selbstmord, Brandstiftung, Befriedigung der Geschlechtslust gerichtet sein. Ganz besonders häufig treten solche impulsive Vorgänge in physiologischen Lebensphasen solcher Menschen auf, in der Pubertät, zur Zeit der Periode, in der Schwangerschaft, im Wochenbett. Die Thatsache eines impulsiven Handlungsirreseins muss die Rechtspflege anerkennen. Ein unverdächtiges und zutreffendes Beispiel für die Gewalt derartiger Impulse stellt der Selbstmord dar, dessen unerwartete weil unmotivirte Ausführung bei solchen Entartungszuständen dem Irrenarzt geläufig ist.

Die Justiz hat ein begreifliches Interesse daran, dass die Lehre von einem impulsiven Handeln nicht an die Stelle der früheren bedenklichen Lehre von den Monomanien („monomania instinctiva") trete.

Die heutige Wissenschaft bietet eine sichere Garantie vor dieser Gefahr, indem sie ein impulsives Handeln nur als Symptom eines Zustands krankhafter Störung der Geistesthätigkeit kennt und im concreten Fall das Bestehen eines solchen erweist, gerade wie sie den Mangel moralischer Gefühle und Correktive nur dann als krankhaft bezeichnet, wenn er Theilerscheinung eines psychopathischen Zustands ist.

Die frühere Lehre der Monomanie beging den Grundfehler, dass sie die That zum Ausgangspunkt der Beurtheilung machte, aus ihrer Monstrosität, Unmotivirtheit Schlüsse zog, statt die That bis zu ihren Wur-

zeln zu verfolgen und als krankhaftes Symptom zu erweisen.

Nur dann wenn der impulsive Akt als Theilerscheinung
eines psychopathischen Zustands nachgewiesen ist, kann
die Justiz berechtigt und verpflichtet sein, die Zurechnungsfähigkeit des Handelnden in Betracht zu ziehen.

Die allgemeinen Kennzeichen psychischer Entartungszustände wurden oben besprochen. Sie müssen die Grundlage
des ärztlichen Gutachtens sein. Die impulsive That kann
und darf nur die Bedeutung eines Einzelsymptoms haben.

Weitere überzeugende Gründe für das Pathologische
der That werden sich dann für den Richter aus ihrem
Mechanismus, aus der Perversion der zum Handeln treibenden organischen Gefühle, aus der Grausamkeit, Rücksichtslosigkeit der Ausführungsweise, ihrer Wiederkehr unter
denselben äusseren oder inneren somatischen Bedingungen
ergeben.

# III. Die Geisteskrankheiten.

Unter den Zuständen krankhafter Störung der Geistesfunktionen als Aufhebungsgründen der Zurechnungsfähigkeit nehmen die Geisteskrankheiten im engern Sinn, d. h.
Krankheitszustände des entwickelten Gehirns, mit vorwal-
tenden psychischen Symptomen, mit zeitlich begränztem und
typischem, vorwiegend chronischem Verlauf, eine hervor-
ragende Stellung ein. Seitdem die Gesetzgebung davon
Abstand genommen hat, besondere Formen von Geisteskrankheit namhaft zu machen, hat die Terminologie keinen
grossen Werth mehr für das Forum. Eine Eintheilung
der Geisteskrankheiten kommt eigentlich nur mehr in
sofern in Betracht, als ihre Darstellung einer solchen zur
Uebersicht bedarf.

Prägnante Formen geistiger Erkrankung sind die
Melancholie und die Manie, bei welchen in hervorragender

Weise das Fühlen und Streben krankhaft afficirt sind, weshalb man sie auch als „Gemüthskrankheiten" bezeichnen kann. Daran reiht sich der Wahnsinn, in welchem Wahnideen und Sinnestäuschungen im Vordergrund des Krankheitsbilds stehen. Gelangen diese Zustände nicht zur Heilung, so entstehen Zustände geistiger Schwäche (secundärer Schwachsinn — Blödsinn), die jedoch auch primär unter dem Einfluss tieferer Erkrankungen der Hirnrinde sich ausbilden können. Weitere wichtige Formen geistiger Störung sind die Irreseinszustände, welche sich bei Epilepsie, Hysterie und unter dem Einfluss der Ausschweifungen im Trinken entwickeln.

Die Aufhebung der Zurechnungsfähigkeit bei ausgebildeter Geisteskrankheit kann bei der tiefen Störung der geistigen Funktionen in diesen Zuständen und bei der Solidarität der Processe des Seelenlebens keinem Zweifel begegnen. Jedenfalls gibt es keine partielle Störung des Geisteslebens und damit auch keine particlle Zurechnungsfähigkeit. Wo das Geistesleben nur particll gestört scheint, darf man sich durch diesen Schein nicht täuschen lassen. In Wirklichkeit wird in solchen Fällen gerade nur ein Bruchstück der allgemeinen Störung entäussert. Mit Recht hat die Gesetzgebung davon Abstand genommen, das Verlangen zu stellen, dass die Willensunfreiheit speciell mit Beziehung auf die vorliegende That nachzuweisen sei. Mag es auch Geisteskranke geben, die bis zu einem gewissen Grad sich noch selbst bestimmen können, so ist es in concreto unmöglich, diesen etwaigen Rest von Vermögen zu taxiren und dem Irren zur Last zu schreiben. „Satis furiosus ipso furore punitur."

Eine ebenfalls aufgegebene Anschauung ist auch die, dass nur dann eine aus einem Wahn hervorgegangene That straflos sein solle, wenn die That, im Falle der Wahn Wirklichkeit wäre, gesetzlich erlaubt sein würde. Nach dieser Theorie wäre ein an Verfolgungswahn Leidender straflos, wenn er in vermeintlicher Nothwehr gegen einen

Angriff auf sein Leben einen Andren tödtet, nicht aber wenn er, blos um Ruhe vor vermeintlichen Beschimpfungen, Chicanen etc. zu bekommen, zum Mörder würde oder ein mit seinem Wahn gar nicht in Beziehung stehendes Verbrechen beginge.

Ein solches falsches Raisonnement beruht auf der Verwechslung der moralischen Zurechnung mit der juridischen, psychologischen. Es muss der Criminaljustiz ganz gleichgültig sein, ob eine aus einer Wahnidee erfolgende That moralisch zu rechtfertigen wäre, so bald nur nachgewiesen ist, dass ihr Motiv eine Wahnidee und diese Symptom einer Geisteskrankheit war. Es wäre übrigens bei dem allseitig gestörten Geistesleben eines Irrsinnigen misslich wenn nicht unmöglich jedesmal nachzuweisen, dass seine That mit seinem Wahnkreis in Verbindung stehe.

Eines Tags wurde dem Verfasser ein früherer Pflegling wieder zugeführt, der bei der ersten Aufnahme an Verfolgungswahn gelitten hatte. Er hatte auf offener Strasse in ostentativer Weise durch Schmähung der Person des Landesfürsten eine Majestätsbeleidigung begangen. Ein logischer Zusammenhang dieser mit dem früheren Wahnkreis war nicht auffindbar, bis der Kranke mittheilte, er habe sich der aus dem seiner Wohnung benachbarten Brauhaus kommenden beschimpfenden Stimmen nicht mehr anders zu erwehren gewusst, als indem er eine strafbare Handlung beging und dadurch ins Gefängniss kam, wo er sicher vor jenen Stimmen und vor der verfolgenden Nachbarschaft zu sein hoffte.

## 1. Die Melancholie.

Eine der wichtigsten Formen der Geistesstörung für das Forum stellt die Melancholie dar, insofern Delirien und Hallucinationen bei diesem „Gemüthsirresein" gänzlich fehlen können (Melancholia sine delirio) oder erst spät in das Krankheitsbild complicirend eintreten. Gleichwohl

können aus krankhaften Aenderungen des Fühlens und
Vorstellens die schwersten Gewaltthaten entstehen, in deren
Begehung der Kranke trotz nach Umständen vorhandenem
Strafbarkeitsbewusstsein dennoch der Willensfreiheit völlig
verlustig war.

Wie es dem Laien überhaupt häufig begegnet, dass
er eine krankhafte Gemüthsverstimmung, wenn sie nur
einigermassen mit einem äusseren schmerzlichen Anlass
motivirt werden kann, mit einer noch physiologischen
verwechselt, so geschieht es in foro nicht selten, dass man
für blosen Affekt und Leidenschaft hält, was schwere, die Zurechnung aufhebende Krankheit ist, zumal, da die äusseren
Erscheinungsweisen beider Zustände die gleichen sein können, die That eine sozusagen kritische Bedeutung gehabt
hat und die Symptome der Krankheit vorläufig zurücktreten liess, der Kranke äusserlich besonnen handelte, verständig spricht, die tiefe Störung in seinem Gemüthsleben
zu verbergen oder zu motiviren vermag.

Die Merkmale einer Melancholie sind eine schmerzliche Verstimmung und eine Erschwerung im Ablauf der
geistigen Funktionen als Ausdruck einer Gehirnerkrankung.
Die Unmotivirtheit oder nicht genügende Motivirung der
Verstimmung durch äussere Anlässe, die Hemmung der
geistigen Processe in jeder Richtung und in gesetzmässiger
Weise, begleitende körperliche Symptome gestörter Ernährung, Verdauung, Blutcirculation etc. weisen zunächst auf
das Krankhafte des Vorgangs hin.

Das Gefühlsleben dieser Kranken ist tief verändert.
Alle Vorgänge in der Aussenwelt wie im Innenleben werden schmerzhaft empfunden, das Verhalten des Bewusstseins ist nach jeder Richtung ein schmerzliches. Damit
ergeben sich geänderte Beziehungen zur Aussenwelt in der
Gegenwart und der Vergangenheit. Der Kranke empfindet
Alles wehmüthig und schmerzlich und zieht sich deshalb
von den Menschen, von Beruf und Allem, was ihm sonst
lieb und werth war, zurück.

Mit der Zeit erlöschen alle seine gemüthlichen Beziehungen. Er wird gemüthlos, gefühllos gegenüber seinen
höchsten Interessen, ja es kann ihm vorkommen als ob die
äussere Welt nur noch eine Scheinwelt sei.

Das Denken des Kranken dreht sich nur um schmerzliche Erinnerungen, trübe Anschauungen bezüglich der Zukunft. Das Wollen ist tief herabgesetzt, der Kranke fühlt
sich leistungs- und entschliessungsunfähig durch die Hemmung in seinem geistigen Mechanismus und empfindet die
Hemmung seines Fühlens, Vorstellens, Strebens in pein-
licher Weise. Dazu kommt ein körperliches Gefühl der
Abgeschlagenheit, Unlust, Ermüdung, oft auch Schmerz-
haftigkeit in einzelnen Nervenbahnen. Unter dem Einfluss
all dieser hemmenden Gefühle kostet es den Kranken
enorme Anstrengung nur noch die gewöhnlichsten Pflichten
des Alltagslebens zu erfüllen. Er verweilt am liebsten im
Bett, in stiller brütender Resignation über seine Lage. Auf
Grund des Bewusstseins körperlicher und geistiger Leistungsunfähigkeit ist sein Selbstvertrauen und Selbstgefühl tief
herabgesetzt. Die Zukunft erscheint ihm hoffnungslos, er
fühlt sich unfähig, den nöthigen Unterhalt für die Seinigen
zu erwerben, erwartet Noth und Schande für sich und seine
Familie in der Zukunft. Auch die Religion gewährt ihm
keinen Trost mehr. Das Gebet bringt ihm keine Erleich-
terung, Gott hat ihn verlassen. Ihm steht nicht blos leib-
licher Untergang sondern auch ewige Verdammung bevor.
Der Kranke fängt an über seine Lage zu grübeln. Er
vermag nicht zu erkennen, dass sie der Ausdruck einer
Hirnerkrankung ist, er sucht und findet den Grund seiner
Verstimmung in äusseren und psychologischen Momenten.
Sein herabgesetztes Selbstgefühl lässt ihm seine Lage in
früheren Fehlern, Sünden begründet erscheinen, daraus erklärt sich ihm die vermeintliche Missachtung der Menschen,
aus Vernachlässigung der Religion sein Verlassensein von
Gott. Ein peinliches Gefühl der Beklemmung in der Herz-
und Magengegend bis zu quälender Angst (Präcordialangst),

wie sie nur ein von Furcht vor Entdeckung und von Gewissensbissen gefolterter Verbrecher besitzt, martert ihn beständig und sucht und findet Motivirung in früheren wenn auch leichten Fehlern. Er hält sich wirklich für einen Verbrecher, dem endlich das Gewissen erwacht ist. Nun ist es um seine Ruhe geschehen. Er irrt herum, lebt in qualvollen Erwartungsaffekten bevorstehender Entdeckung, Verhaftung, Hinrichtung. Der Schlaf flieht ihn gänzlich. Das trostlose Gefühl der Hoffnungslosigkeit, der Gleichgültigkeit gegen alle Lebensbeziehungen, der Unfähigkeit klar zu denken, sich dem über ihn hereinbrechenden Verhängniss zu entziehen, ruft Verzweiflungsaffekte hervor. Finstere Gedanken, sich der trostlosen Lage durch Selbstmord zu entziehen, dadurch die Welt von einem Scheusal zu befreien, Busse und Sühne für ein vermeintlich lasterhaftes Leben zu finden, tauchen auf, vorläufig noch im Gegengewicht gehalten durch die Furcht vor ewiger Strafe und dem göttlichen Gericht. Der an der Zukunft verzweifelnde Kranke empfindet den Drang, seinen Angehörigen Noth und Schande zu ersparen, indem er sie mordet und sich dann selbst aus der Welt schafft. Er schaudert vor diesem Gedanken zurück, aber dieser gewinnt immer mehr an Zugkraft. Er hat noch so viel Besonnenheit zu fliehen und herumzuirren. Es ist ihm zu Muth, dass die äussere Welt nur noch eine Schattenwelt sei, er allein zurückgeblieben. Er kommt sich vor wie der ewige Jude in der Sage, der nirgends Ruhe finden kann. Er fühlt sich namenlos verlassen, allein zurückgeblieben mit seinem entsetzlichen Jammer in der für ihn todten, abgestorbenen Welt. Die Hemmung seines Denkens verursacht ihm trostlose Gefühle der Langeweile, qualvoller geistiger Oede. Er fühlt den Stillstand seiner Gedanken, den Anfang einer schrecklichen Ewigkeit, in welcher Minuten Jahre bedeuten, er fühlt sich machtlos diesem Bann und bösen Zauber gegenüber. In seiner Verzweiflung steigt ihm der Gedanke auf, zu irgend einer rettenden That sich aufzuraffen, durch irgend eine

Handlung, sei sie Mord, Selbstmord, Brandstiftung, den
Bann zu durchbrechen, sich die Ueberzeugung zu verschaffen, dass er noch existirt, dass es noch eine reale
Welt gibt, den Versuch zu machen, die trostlose Oede zu
unterbrechen, sich den Beweis zu liefern, dass er überhaupt
noch etwas leisten, eine Aenderung der Situation schaffen
kann.

Einen sittlichen Gegenhalt vermag der in seinem Gemüth empfindungslose Kranke gegenüber solchen Gedanken
nicht zu gewinnen. Eine Steigerung des Affekts, des Angst-
vorgangs in seiner Brust macht ihn zum Mörder, Brand-
stifter. Er athmet erleichtert auf, denn die That hat den
lösenden Einfluss auf seinen qualvollen Bewusstseinszustand,
den er instinktiv anstrebte, gehabt. Er erscheint nun besonnen, ruhig und bleibt es bis die Krankheit wieder ihren
Aufschwung nimmt.

Zu jeder Zeit können beim Melancholischen forensisch
weiter wichtige Complicationen auftreten und den Kranken
zu schweren Gewaltthaten fortreissen. Das sind zunächst
die sog. Zwangsvorstellungen und Zustände plötzlich auf-
tretender Präcordialangst.

Zwangsvorstellungen sind Ideen, die sich mit krankhafter Intensität und Dauer im Bewusstsein behaupten im
Gegensatz zum normalen Geistesleben, in welchem selbst
die erschütterndsten Vorstellungen nach kurzer Zeit durch
solche anderen Inhalts abgelöst werden und eine willkürliche Verdrängung jener möglich ist.

Unter diesen Bedingungen befindet sich der Melancholische bei seinem tief gestörten und gehemmten Vorstellungsablauf nicht. Er vermag die irgendwie in seinem
Bewusstsein aufgetauchten lästigen Gedanken nicht abzu-
schütteln. Seine ohnedies schmerzliche Stimmung wird
dadurch gesteigert, lebhafte Angstgefühle begleiten den
Vorgang. Dazu kommt der peinliche Inhalt der Vorstellung. Es ist ihm z. B. beim Anblick eines Messers der
Gedanke aufgetaucht, damit Weib und Kind zu erstechen,

er hat eine Feuersbrunst gesehen oder von einem Mord gelesen und er kann den Gedanken nicht los werden, sein Haus anzuzünden, seinen Freund zu ermorden. Dieser Gedanke macht ihn schaudern, sein sittliches Gefühl empört sich dagegen. Er sucht sich zu zerstreuen. Bei seiner nervösen Erregbarkeit rufen die entferntesten Beziehungen den bösen Gedanken immer wieder hervor. Je länger und stärker der Gedanke sich geltend macht, um so mächtiger wird der Impuls, ihm Folge zu leisten. Der Kranke flieht, beraubt sich der Mittel die Unthat zu begehen, er sinnt auf Selbstmord als äusserstes Mittel, das Verbrechen zu vermeiden. Er irrt ruhelos umher, der Schlaf flieht ihn und wenn er einschlummert, schreckt ihn der böse Gedanke wieder auf. Die Klemme seines Bewusstseins wird unerträglich, er fühlt, dass er nur durch Ausführung des Impulses Ruhe bekommen kann; noch vermag er dem Sturm in seinem Innern einigermassen durch Gebet, Aufbietung aller rechtlichen und sittlichen Motive zu begegnen — da kommt ein Ausbruch von Verzweiflung, namenloser Angst und die Unthat ist geschehen. Solche Zwangsvorstellungen kommen gerade bei leichteren Fällen von Melancholie, bei Nervenkranken mit psychischer Verstimmung, wenn eine erbliche Veranlagung besteht, nicht so selten vor und können bis zur Katastrophe unerkannt bleiben.

Eine weitere Möglichkeit für Gewaltthaten bietet das Auftreten von Angstanfällen beim Melancholischen. Zu jeder Zeit und selbst beim ruhigsten und leichtesten Kranken kann man sich solcher versehen. Eine verzehrende innere Angst überfällt den Kranken, trübt seine Besinnung, ruft schreckliche Vorstellungen allgemeinen und eigenen Untergangs hervor, nach Umständen selbst Sinnestäuschungen. Der Kranke fühlt sich getrieben, seiner qualvollen Angst und Spannung in irgend einer erleichternden That Lösung zu verschaffen. Er versucht dies, indem er sich den Kopf an den Wänden einrennen will, sich zum Fenster hinausstürzt, sich die Augen aus den Augenhöhlen

herauswühlt, um sich sticht, haut, sein Haus in Brand
steckt u. s. w.

Mit der geschehenen instinktiv angestrebten That ist
die Lösung der psychischen Spannung erfolgt. Der Kranke
athmet auf wie von einer Todesgefahr befreit und so ent-
setzlich auch die befreiende That sein mag, er ist ruhig
und befriedigt darüber, dass er wieder existiren kann. Im
Verlauf des melancholischen Krankheitsbilds kommt es,
namentlich auf der Höhe affektartiger Aufregungszustände,
leicht zu Sinnestäuschungen und Delirien. Der Kranke hört
z. B. Stimmen, die ihm drohendes Unheil verkünden, die
ihn zu Unthaten antreiben; die Personen der Umgebung erscheinen ihm in fratzenhafter Gestalt, als Teufel, Gespenster,
er sieht sich von Schergen, Teufeln umwogt, wird die Zu-
rüstungen zu seiner Hinrichtung, Höllenfahrt gewahr. Er folgt
dem Gebot der Stimmen, setzt sich verzweifelt zur Wehr.
Im Verlauf der Krankheit bilden sich auch Wahnideen
und damit entsteht die Möglichkeit einer tiefen Störung
des Bewusstseins der eigenen Persönlichkeit (melancholischer
Wahnsinn). Der aller menschlichen Gefühle verlustige, von
Gott verlassene Kranke kommt sich z. B. wie ein Teufel,
ein Thier vor; im Gefühl seiner Unwürdigkeit erscheint
er sich als ein Sünder und Verbrecher, im Bewusstsein
seiner Leistungsunfähigkeit wähnt er sich ruinirt, ein Bettler
und zwar durch eigne Schuld. Sein eigenes Bewusstsein
drohender Gefahr überträgt sich auf die Lage der Angehörigen. Er wähnt sie ebenfalls mit dem Tode bedroht,
hört ihr Hülfegeschrei u. dgl. Selbstmord, um all dem
Jammer zu entgehen, die Welt von einem solchen Verbrecher zu befreien, Gewaltthaten gegen die feindlich ver-
kannte Umgebung sind die leicht möglichen Consequenzen
solcher Delirien. Die hohe Gemeingefährlichkeit der melancholischen Kranken ergibt sich aus dem Vorstehenden
von selbst. Gewaltthaten können entstehen durch bis zur
Unerträglichkeit gesteigerte schmerzhafte Gefühle und
Zwangsvorstellungen, durch Angstaffekte, durch Wahn-

ideen und Sinnestäuschungen. Bemerkenswerthe Fälle aus der ersteren Kategorie sind diejenigen, wo der Kranke aus den der Melancholie eigenthümlichen Entschlussunfähigkeit, aus Feigheit, oder aus religiösen Motiven (um sich noch mit dem Himmel zu versöhnen, bussfertig zu sterben) das ihm unerträglich gewordene Leben durch eine strafbare todeswürdige Handlung zu verlieren sucht (indirecter Selbstmord).

Die gleiche psychologische Bedeutung haben die Fälle wo der Melancholische Andere dingt um ihn aus der Welt zu schaffen, von Anderen begangener Verbrechen sich fälschlich anklagt, Verbrechen begeht um ins Zuchthaus zu kommen, nach dem er sich in seinem herabgesetzten Selbstgefühl sehnt.

Nicht minder wichtig sind die Mörder ihrer eigenen Kinder — aus Liebe und Noth, d. h. um sie im vermeintlich hoffnungslosen Kampf um's Dasein nicht untergehen zu lassen.

Nur selten wird es sich hier um noch physiologischen Affekt, in der Regel um Melancholie handeln, weshalb die Untersuchung des Geisteszustands unerlässlich sein dürfte. Die Handlungsweise in Fällen, wo schmerzliches Fühlen oder Zwangsvorstellungen eine Gewaltthat herbeiführen, kann Kaltblütigkeit, richtige Wahl der Mittel aufweisen, ausser da wo ein heftiger Affekt im Augenblick der That die Besonnenheit trübte. Da wo eine Zwangsvorstellung eine That motivirte, tritt diese nicht unvermittelt ein, sondern erst nach langem und mächtigem Ringen mit dem bösen Antrieb. Dadurch unterscheidet sich jener Vorgang von der verbrecherischen mit Willkür ausgeführten That. Nie verfolgt der Thäter egoistische Zwecke. Mit der consumirten That ist ja der Zweck derselben erreicht, der nie direkt auf dieselbe gerichtet ist, sondern die für ihn nur das Mittel bildet. Nie fehlt die Ernüchterung und psychische Befreiung, um derenwillen in der Regel die That begangen wurde. Nie fehlt auch die Reue, da ja

das intellektive und ethische Bewusstsein mit der Realisi-
rung der keinen verbrecherischen sondern einen psychologischen Selbsterhaltungszweck erfüllenden That wieder zur
vollen Geltung kommt. Nicht minder ist beachtenswerth,
dass die That den Interessen, dem ganzen ethischen und
religiösen Bewusstsein entgegengesetzt ist und aller äusseren
Motive entbehrt.

Forensisch wird es sich zunächst darum handeln ob
ein Affekt oder ob Melancholie vorlag. Die äussere Besonnenheit und Ruhe, die solche Menschen bisher bewahrten,
so dass Niemand ihr schweres Leiden ahnte und ihre düstere
Stimmung, Reizbarkeit, Launen, Vernachlässigung früherer
Rücksichten und Pflichten im Sinn früherer schmerzlicher
Ereignisse erklärlich fand, darf nicht falsch gedeutet werden.
Nicht isolirte psychologische Kriterien, sondern nur der
klinische Nachweis der Krankheit sind hier entscheidend.
Viel wichtiger für die Beurtheilung ist der Zustand vor
der That als nach derselben, wo die Symptome der Melancholie durch den gleichsam kritischen, mächtig erschüttern-
den Einfluss jener vorläufig verwischt sein können.

Anscheinend geringfügige Thatsachen vor der Handlung können in ihrer Summation bedeutungsvoll werden:
so das Aufgeben der gewohnten Lebensweise, Charakter-
veränderung (Neigung zum Alkoholgenuss, zu religiösen
Uebungen), Gedanken an Selbstmord, bezügliche Vorbereitungen, Testamentserrichtung, Mangel an Selbstvertrauen,
Schlaflosigkeit, Klagen über körperliches Krankheitsgefühl,
Störungen der Verdauung, Abmagerung, mit oft ausgesprochener hypochondrischer Verstimmung. Doppelt wichtig
sind solche Thatsachen, wenn sie bei erblich belasteten
Nervenkranken, bei in der Pubertätsperiode befindlichen Individuen sich vorfinden. Hier kann die schmerzliche Verstimmung als Heimweh erscheinen und der Drang zu einer
Gewaltthat aus dem schmerzlichen Fühlen, aus Zwangsvorstellungen, Sinnestäuschungen (Visionen der Heimath,
Stimmen rufender Verwandten etc.), Angstanfällen ent-

stehen. Besonders häufig und aus dem Verlangen heimzukommen motivirt, ist hier Brandstiftung.

Die Zurechnungsfähigkeit ist selbst in diesen leichteren Fällen von Melancholia (sine delirio) aufgehoben, weil die sittlichen und rechtlichen Gegenmotive, wenn sie überhaupt ins Bewusstsein noch eintreten, keine Zugkraft mehr haben, durch das viel mächtigere schmerzliche Fühlen überwältigt werden und der freie Fluss gegensätzlicher Vorstellungen durch die Hemmung des Vorstellungsablaufs gestört ist. Da wo eine Gewaltthat im Angstanfall eines Melancholischen zu Stande kommt, ist das Handeln, entsprechend der affektvollen Störung des Bewusstseins, nie ein planvolles, zweckmässiges, sondern ein blindes, gleichsam convulsivisches. Der grässliche Bewusstseinszustand bedingt einen gewissen Eclat, eine über jedes Ziel hinausschiessende Rücksichtslosigkeit und Grausamkeit. Zeit, Ort, Mittel, Zeugen sind gleichgültig bei der Ausführung, das Objekt, an dem der Drang nach Entlastung befriedigt wird, ist ein zufälliges. Das Opfer wird oft nicht blos getödtet, sondern gräulich verstümmelt. Wie wenig es dem Thäter um die That als solche zu thun war, beweisen Fälle von Brandstiftung, wo er eifrig löschen half. Nach der That erfolgt Reue, Selbstanzeige, zuweilen auch Selbstmord, wenn sie eine grässliche war.

Die Zurechnungsfähigkeit ist hier aufgehoben. Die Handlung ist eine rein zwangsmässige Entäusserung eines unerträglich gewordenen Bewusstseinszustands, auf dessen Höhe selbst das Bewusstsein der Handlung verloren gehen kann.

Auch bei Gewaltthaten aus Wahnideen und Sinnestäuschungen ist äussere Besonnenheit, Prämeditation möglich, sofern kein mächtiger Affekt vorhanden war. Tritt nach der That Ernüchterung und Einsicht für den Wahn ein, so wird auch die Reue nicht fehlen. Die Zurechnungsfähigkeit fehlt hier, weil der Thäter aus pathologischen Bedingungen handelte, deren Einfluss er sich nicht zu ent ziehen, deren Unrichtigkeit er nicht zu erkennen vermochte, wenn auch das Bewusstsein der Handlung und ihrer Folgen vorhanden war. Viele dieser Gewaltthaten haben die Bedeutung einer vermeintlichen Nothwehr.

## 2. Die Manie (Tobsucht).

Unter diesem Namen versteht die Psychiatrie eine Grundform psychischer Erkrankung, charakterisirt durch einen krankhaft erleichterten beschleunigten Ablauf der Vorgänge des geistigen Lebens, zugleich mit Steigerung der Funktionen desselben, namentlich im Gebiet des Trieblebens und der Gefühle. Vorherrschend pflegt dabei eine heitere Stimmung zu sein. Durch diesen Symptomencomplex stellt die Manie ein der Melancholie ziemlich gegensätzliches Krankheitsbild dar. Die Manie bietet mannigfache Gradstufen von leichteren Formen, in welchen der Kranke eher den Eindruck eines ausgelassenen oder weinwarmen Menschen macht als den eines Irrsinnigen (maniakalische Exaltation) bis zu solchen, wo Sinnestäuschungen, Delirien (Grösse, Verfolgung) auftreten, das Bewusstsein erheblich getrübt ist, ein durch krankhafte Vorgänge im Gehirn bedingter Drang zu ungezügelter Muskelbewegung sich geltend macht und in Zerstören, Toben („Tobsucht") seine Entäusserung findet. Während solche Zustände von Tobsucht natürlich keine zweifelhaften mehr sein können und etwaige criminelle Handlungen (Tödtung, Brandstiftung, Nothzucht, Widerstand gegen die öffentliche Gewalt u. dgl.) sofort ihre richtige Deutung finden, ist es anders bei jenen leichteren und dennoch, wie sich ergeben wird, die Zurechnung völlig aufhebenden Zuständen maniakalischer Exaltation. Dem Laien erscheint der Kranke, da er nicht delirirt, verständig; sein über gute Sitte und Interessen Anderer sich hinaussetzendes Gebahren als sträflicher Leichtsinn, zumal da der Kranke es zu entschuldigen versucht; seine ausgelassene übermüthige Stimmung

wird auf Rechnung einer Angetrunkenheit gesetzt, und
so wandert der Vagabund, Dieb, Störer der öffentlichen
Ruhe und des Anstands vorläufig ins Untersuchungsgefängniss.

Die Nonchalance, Unbotmässigkeit in Haft und Verhören wird für Frechheit gehalten und trägt dem Inhaftirten Ordnungsstrafen ein. Auffällig ist nur, dass diese
nichts fruchten, der Häftling nach wie vor auch ohne Getränke in seiner ausgelassenen Laune verharrt, wenig
schläft und die nächtliche Ruhe stört.

Das erfahrene Auge des Sachverständigen erkennt in
dem Spassmacher und Unruhestifter den maniakalischen
Kranken.

Die Stimmung ist eine grundlos heitere und damit
krankhafte. Das Selbstgefühl des Kranken ist ein gesteigertes und daraus erklärt sich sein übermüthiges Wesen.
Er ist leicht verletzlich und deshalb kam er mit den Organen des Gesetzes, mit den Leuten auf der Strasse und
im Wirthshaus in Conflikt, wie er sich im Gefängniss mit
Gefängnisswärtern, Mitgefangenen und Disciplin des Hauses
nicht verträgt.

Seine Laune, gelegentliche zornige Auftritte mit der
Umgebung abgerechnet, ist eine heitere und wird auch
durch seine Einsperrung nicht getrübt. Er ist nach wie
vor ein Spassmacher, neckt die Umgebung, deren komische
und schwache Seiten er gleich herausgefunden hat. Er ist
begehrlich, anmassend, herrisch, cynisch, übermüthig, ge-
sprächig, witzig, ironisch, unstet, zu Excessen aller Art
geneigt.

Bevor er inhaftirt wurde, hat er herumvagabundirt,
gestohlen, gezecht, mit Gästen und Wirthen sich nicht
vertragen, Personen des anderen Geschlechts gegenüber
sich Unziemliches erlaubt, die nächtliche Ruhe gestört, Beschädigungen in öffentlichen Anlagen begangen, Fenster
eingeschlagen, die Sicherheitsorgane verhöhnt, sich der
Verhaftung widersetzt. Vor dem Richter weiss er die in-

criminirenden Facta als harmlose Spässe hinzustellen oder, in die Enge getrieben, setzt er sie auf Rechnung einer Angetrunkenheit, der Provokation Seitens Dritter oder behauptet, sich derselben nicht mehr zu erinnern.

Trotz aller Redegewandtheit und Beweise von Umsicht ist der Betreffende gleichwohl ein Geisteskranker. Sein Gefühlsleben ist exaltirt, seine Triebe sind gesteigert, sein Gedankengang krankhaft beschleunigt, seine Handlungen unüberlegt.

Es fehlt ihm die Besonnenheit. Seine Auffassung der Beziehungen zur Aussenwelt ist eine verfälschte, insofern sie ihm im rosigsten Licht erscheint, und sein krankhaft gesteigertes Kraftgefühl ihn Schwierigkeiten, die seinem Wollen und Vollbringen entgegenstehen, nicht mehr wahrnehmen lässt. Dadurch wird er kühn, unternehmungslustig. Sein Gedankenablauf ist so gesteigert, dass ein ruhiges Besinnen und Ueberlegen schon formal ihm nicht mehr möglich wird, aber auch die hemmenden, controlirenden, sittlichen und rechtlichen Motive der gesammten früheren Lebenserfahrung und Erziehung treten bei der Störung des Bewusstseins gar nicht mehr oder bei der Beschleunigung seines Vorstellens verspätet, d. h. erst nach geschehener Handlung ins Bewusstsein. Zudem sind seine sinnlichen Triebe und Begierden durch die Hirnkrankheit abnorm gesteigert. Damit werden seine Handlungen zwangsmässig, triebartig und nicht mehr zurechenbar.

Es gibt zahlreiche Fälle von maniakalischer Exaltation, wo im Anfang oder gegen Ende des Krankheitsanfalls die Anomalien des Fühlens und Vorstellens wenig ausgesprochen sind, dafür aber das Triebleben vorwiegt und Impulse zur Aneignung fremden Eigenthums, Drang zu geschlechtlicher Befriedigung die einzig markanten Erscheinungen des Krankheitsbilds, wenigstens für den Laien, darstellen. Entsprechende Handlungen des Kranken werden dann leicht falsch beurtheilt, wenn blos die Handlung und ihre unsittlichen Motive und der Umstand, dass der Kranke seine Handlungen zu beschönigen und verständig zu reden weiss, in Betracht gezogen werden.

Abgesehen von den obgeschilderten Anomalien der Stimmung, dem Rededrang, dem auffälligen Abspringen der Gedanken vom Thema, der Unerschöpflichkeit des Redestroms, dem grossen Selbstgefühl, der Dreistigkeit, ja selbst Frechheit des Benehmens, sind auch die Handlungen derartiger Maniakalischer selbst für den aufmerksamen Laien auffällig dadurch, dass sie rücksichtslos sind, mit bezeichnender Hast und Unruhe ausgeführt, dass der Betreffende nicht naheliegende Vortheile, die er aus seiner Unternehmung ziehen konnte, verfolgte, unbedacht und unbesonnen handelte, so dass die Entdeckung nicht ausbleiben konnte.

Dazu kommt weiter die Erwägung, dass die Strebungen und das ganze Gebahren in grellem Widerspruch mit der früheren gesunden Persönlichkeit stehen, dass die Unruhe und Unstetigkeit bald zunimmt, bald abnimmt, der Schlaf gering ist oder selbst ganz fehlt.

Besondere Beachtung verdient der Umstand, dass solche Krankheitszustände nicht selten periodisch, d. h. in annähernd gleichen Zeiträumen wiederkehren, und dass dann dieselben Triebrichtungen (z. B. zum Uebergenuss geistiger Getränke — Dipsomanie) wiederkehren. Gerade hier können die begleitenden Erscheinungen des maniakalischen Krankheitsbilds temporär sehr gering zu Tage treten. Die wiederholte Begehung strafbarer Handlungen, z. B. Diebstähle, Unzuchtsvergehen in annähernd gleichen Zeitabschnitten, unter gleichen Modalitäten und in gleicher Ausführungsweise können wichtige Fingerzeige werden.

Die strafbaren Handlungen Maniakalischer sind theils durch Steigerung des Trieblebens (Unzuchtsvergehen, Wegnahme von Nahrungsmitteln, Genussmitteln, wie Spirituosen, Tabak etc.), theils durch die gemüthliche Erregbarkeit und das gesteigerte Selbstgefühl (Raufhändel, Widerstand gegen die Sicherheitsorgane etc.), theils durch die übermüthige

Laune und den Drang nach Muskelbewegung (muthwillige
Zerstörung von fremdem Eigenthum, Störung der öffentlichen Ruhe, Vagabundiren u. dergl.) bedingt. Ausserdem
sind bei der Achtlosigkeit derartiger Kranker fahrlässige
Brandstiftungen und bei der Trübung ihres ethischen Bewusstseins Religionsstörungen, Verletzung des öffentlichen
Anstands, Zechprellereien u. dergl. möglich.

Da wo die Manie in Form periodisch wiederkehrender
Anfälle sich äussert, ist es nöthig, auch bei strafbaren Handlungen, die in dem Zwischenraum zweier Anfälle begangen
wurden (intervallum lucidum), den Geisteszustand des Thäters sorgfältig zu prüfen.

Nur höchst selten und zwar bei noch nicht lange be-
standener und in seltenen Anfällen sich äussernder Krankheit werden die Bedingungen für die Annahme der Zurechnungsfähigkeit in diesem Intervall sich finden. Es ist
wohl zu beachten, dass in diesen „lichten“ Zwischenräumen
zwar die Krankheit äusserlich schweigt, aber gleichwohl
der krankhafte Zustand des Gehirns fortdauert, gerade so
wie der Wechselfieberkranke, wenn der Fieberanfall vorüber ist, noch nicht als gesund betrachtet werden kann,
dass ferner das periodische Irresein fast ausschliesslich bei
belasteten Individuen (sog. Entartungszustände) vorkommt
und schon nach wenigen Anfällen die höheren Geistesfunktionen (Schwachsinn) und der Charakter (Gemüthsreizbarkeit, verminderte Zugkraft der sittlichen Energie) zu leiden
pflegen. Da zudem es vielfach unmöglich ist, das lucidum
intervallum zeitlich scharf von den letzten bemerkbaren und
den ersten wiederauftretenden Symptomen der Krankheit
abzugränzen und den Einfluss des vorgängigen oder folgenden Anfalls auf eine strafbare That auszuschliessen,
dürfte es misslich sein, lucida intervalla im Criminalforum
zur Geltung zu bringen und erst zu beweisen sein, dass
Jemand, der nicht lange Zeit vor und nach einer That
geistesgestört war, frei gehandelt habe. Endlich muss aufmerksam gemacht werden, dass es ein periodisches Irre-

sein, bestehend im Wechsel maniakalischer und melancholischer Zeiten (circuläres Irresein), gibt und das melancholische Stadium der Krankheit für ein lucides irrthümlich gehalten werden könnte.

### 3. Wahnsinn (Verrücktheit).

Die Grunderscheinung in dieser häufigen und praktisch wichtigen Form des Irreseins bilden Wahnideen und Sinnestäuschungen. Dadurch ändern sich die Beziehungen des Individuums zur Aussenwelt (Wahnsinn), ja die Persönlichkeit kann eine ganz andere werden (Verrücktheit). Dieser krankhafte Vorgang stört an und für sich nicht die Processe des Urtheilens und Schliessens. Auch der Wahnsinn hat seine Logik, aber die Prämissen sind falsche — gefälschte Sinneswahrnehmungen, Wahnideen. Daneben können ganz richtige Wahrnehmungen stattfinden, aber alle Vorgänge in der Aussenwelt haben mehr weniger eine Beziehung zum krankhaften Ideenkreis, werden durch die Brille des Wahns wahrgenommen und entsprechend verarbeitet. Die früheren Kenntnisse und beruflichen Leistungen gehen nicht verloren, so dass solche Kranke oft noch lange ihrem Berufe vorstehen; die Beziehungen zu Familie und Gesellschaft erfahren im Sinne der geänderten Beziehungen zur Aussenwelt tiefere Störungen. Es kann in diesem eigenthümlichen Umwandlungsprocess der Persönlichkeit das ganze bisherige gesunde Leben mit seinen Eindrücken und Erfahrungen der Erinnerung des Kranken erscheinen, wie wenn es ein Anderer erfahren, wie wenn es der Kranke in einem Roman gelesen hätte. Während solche Kranke noch lange das besitzen, was man in landläufiger Weise mit „Verstand" bezeichnet und demgemäss wahrnehmen, urtheilen und schliessen können, sind ihre höheren geistigen Funktionen tief geschädigt. Ihre Logik und Kritik liegt darnieder und das Zeugniss aller bisherigen Lebenserfahrung ist wirkungslos gegenüber den

ihrem Bewusstsein sich aufdrängenden, wenn auch noch
so absurden Wahnideen; ihre früheren geistigen Interessen
sind verloren gegangen, ihr Gemüth und ethisches Fühlen
sind abgestumpft. Nur der Wahnkreis vermag noch gemüthliche Regungen hervorzurufen, die aber sehr affektvolle
werden können, und zu Handlungen anzuregen. Dass bei
solchen Kranken strafbare Handlungen nicht mehr zugerechnet werden können, da sie durch falsche Auffassung
der Verhältnisse der Aussenwelt bedingt und vielfach von
einer der früheren gesunden Persönlichkeit ganz fremden
begangen werden, kann keinem Zweifel begegnen, auch
da nicht, wo ein direkter Zusammenhang der That mit dem
Wahnkreis nicht nachzuweisen ist. Die Schwierigkeit für
den Laien und zuweilen auch für den Sachverständigen
besteht nur darin zu erkennen, dass eine schwere, ja gewöhnlich unheilbare Geisteskrankheit vorliegt.

Diese Schwierigkeit entsteht daraus, dass die Krankheit sich in der Regel ganz allmählig und oft schon in
frühen Jahren entwickelt und das sonderbare Benehmen
des Kranken noch als Charakteranomalie, Excentricität
gedeutet werden kann, zumal da der Kranke äusserlich
besonnen ist, nicht oder nur gelegentlich Gemüthsauf-
regungen zeigt, objektiv richtige Schlüsse und Urtheile
macht, berufliche Leistungen noch zu erfüllen vermag,
seine Wahnideen verheimlicht, aus solchen entspringende
Handlungen zu entschuldigen vermag, seine Wahnideen
an und für sich nicht immer den Stempel der Verrücktheit an sich tragen (Verfolgungswahn, Wahn ehelicher
Untreue). So geschieht es leicht, dass der Kranke für
einen Bösewicht, Rabulist, Lügner, Fanatiker gehalten
wird oder blos für einen verschrobenen, mit einer Schrulle
behafteten Menschen, oder dass man im besten Fall zwar
die „fixe Idee" erkennt, aber durch das im Uebrigen be-
sonnene, anscheinend vernünftige Wesen, den Schein der
Vernunft für deren Wesen nimmt, solche Menschen für
gesund bis auf ihre fixe Idee hält und darauf die aller

wissenschaftlichen Erfahrung widerstreitende Irrlehre einer
partiellen Zurechnungsfähigkeit gründet.

Täuschungen über den Zustand der Kranken sind um
so leichter möglich, als ihre Handlungen gerade so prämeditirt erfolgen können wie die Geistesgesunder und ihre
Motive, obwohl in Wahnideen wurzelnd, durchaus das Gepräge des Affekts, der Leidenschaft, des Fanatismus besitzen können.

Für den richterlichen Laien wird der Schwerpunkt
der Beurtheilung des Falls in dem Nachweis von Wahnideen und Sinnestäuschungen im Gegensatz zu den Handlungen des Verbrechers, des Fanatikers, des Abergläubischen
liegen. Der ärztliche Sachverständige hat den Beweis zu
erbringen, dass diese Kriterien des Wahnsinns Theilsym-
ptome eines Krankheitszustands sind, der wieder zurückführbar ist auf eine Hirnkrankheit.

Als praktisch wichtige Formen des Wahnsinns ergeben
sich der Verfolgungs- und der religiöse Wahnsinn.

### a) Der Verfolgungswahnsinn.

Die Entstehung dieser Wahnsinnsform ist nur selten
eine plötzliche, meist eine langsame unvermerkte. Sie entwickelt sich aus einer charakterologisch abnormen, ver-
schlossenen, reizbaren, leutscheuen Persönlichkeit, die Symptome von nervöser Erkrankung (Nervenschwäche, Hysterie,
Hypochondrie) meist schon seit Jahren darbot.

Dem Auftreten der Wahnideen geht ein Monate bis
Jahre dauerndes Stadium voraus, in welchem die Kranken
sich im Verkehr mit der Aussenwelt blos zurückgesetzt
und missachtet fühlen. Später beziehen sie harmlose Sätze
in Zeitungen, Predigten u. dgl. in feindseliger Weise auf
sich, halten das zufällige Ausweichen der Leute in Lokalen
und auf der Strasse für ein absichtliches. Sie bemerken,
dass die Leute ihnen verächtliche oder drohende Geberden
machen, dass man vor ihnen ausspuckt, sie hören be-

leidigende oder lieblose Anspielungen aus den Gesprächen
der Umgebung. Auf der Höhe der Krankheit hören sie
Stimmen, die Verfolgungen, Complote enthüllen, den Kranken
in gemeinster Weise beschimpfen. Je nach besonderer ver-
anlassender Ursache der Krankheit (Onanie, Gebärmutter-
leiden, Magendarmcatarrh u. s. w.) bilden sich Wahnideen
der Vergiftung, schädlicher Beeinflussung mit geheimniss-
vollen Maschinen, mit Elektricität, Magnetismus, giftigen
Dünsten u. dgl. Körperliche Schmerzen, Betäubungs- und
Druckgefühle im Kopf, Verdauungsbeschwerden werden im
Sinn dieser Delirien gedeutet und zu ihrem Aufbau verwerthet. Die Urheber dieser Verfolgungen werden in
Familienangehörigen, Hausgenossen, Jesuiten, Socialdemo-
kraten, den Organen der Polizei u. dgl. gesucht und gefunden. Auf der Höhe der Krankheit werden fast alle
Wahrnehmungen und Sensationen im Sinne des Wahns
gedeutet.

Trotz dieser peinlichen Bewusstseinszustände ist die
Besonnenheit dieser Kranken oft noch lange erhalten. Nur
gelegentlich kommt es zu Affekten. Auffällig ist das noch
scheuere, misstrauische Wesen des Kranken, seine Gereiztheit gegen die Umgebung.

Im Anfang der Krankheit verhalten sich diese Unglücklichen beobachtend, passiv, defensiv gegen die Verfolgungen und Verfolger. Sie fliehen, wenn sie können,
treffen Schutzmassregeln zur Rettung ihres Lebens, ihrer
Ehre, Freiheit, versehen sich mit Waffen, Gegengiften u. dgl.
Eines Tags reisst ihnen die Geduld. Sie stossen Drohungen
gegen ihre vermeintlichen Feinde aus, wenden sich um
Schutz und Rechtshülfe an Staatsanwalt, Gerichte, Polizei.
Das sind Signale, dass der Kranke gemeingefährlich geworden ist. Von Polizei und Gerichten in ihren vitalen
Interessen nicht geschützt, auf sich selbst angewiesen,
schreiten sie zur Selbsthülfe.

Neuerliche Schmerzen und Betäubungsgefühle bei der
Mahlzeit, eine verdächtige Geberde, ein Hüsteln der Um-

gebung u. dgl. können dem Kranken eine vermeintlich
drohende Lebensgefahr andeuten und ihn zu einem Handeln
drängen. Er fällt in vermeintlicher Nothwehr über den
eingebildeten Feind her und tödtet ihn. In anderen Fällen
ist es vorgekommen, dass solche Kranke ein Verbrechen
begingen, um im Gefängniss ein Asyl vor ihren Feinden
zu finden. Nicht selten sind auch criminelle Handlungen,
nur um vor Gericht Gehör zu erlangen und das schänd-
liche Complot gegen den Kranken an die Oeffentlichkeit
zu bringen und durch Verurtheilung der Todfeinde Ruhe
zu bekommen. Die Handlungen dieser Kranken haben das
Gepräge unsittlicher und prämeditirter. Es handelt sich
um scheinbare Akte der Rache, Eifersucht, Leidenschaft.
Auffällig ist nur die Rücksichtslosigkeit des Angriffs,
am hellen Tag, auf offener Strasse, vor Zeugen, die Befriedigung über die gelungene That, die dem Kranken als
ein Akt durch Nothwehr gebotener und erlaubter Selbsthülfe erscheint.

Obwohl diese Wahnsinnsform nicht gerade schwer erkennbar ist, sind Verkennungen des Zustands und ungerechte Verurtheilungen nicht selten. Eine der bemerkens-
werthesten ist die in des Verf. Lehrb. d. ger. Psychopathol.
Beob. 34 mitgetheilte, wo ein Kranker wegen Mord seines
vermeintlichen Feindes zu lebenslänglichem Kerker verurtheilt, bald nach dem Urtheil einen weiteren Mord an
einem Mitgefangenen, der ebenfalls für einen Verfolger
gehalten wurde, beging. Nun erst erschien sein Geisteszustand zweifelhaft und eine gerichtsärztliche Expertise con-
statirte den seit Jahren bestehenden Verfolgungswahnsinn!

Sicherheitsbehörden, Staatsanwälte, Untersuchungsrichter sollten solche Kranke mit ihren Klagen nicht einfach abweisen, sondern der Irrenanstalt übergeben, denn
sobald der Kranke droht oder klagt, ist er gemeingefährlich geworden. Gar manche Unthat wäre dadurch ver-
meidbar. Aber auch das Leben der Gerichtspersonen kann
durch solche Kranke gefährdet sein, indem sie, da sie ihre

Klage bei Gericht nicht anbrachten, nun leicht wähnen, dass auch die Gerichtsbeamten im Complot mit ihren Feinden stehen und sich an Jenen vergreifen.

Als eine besondere und für das Forum sehr wichtige Form des Verfolgungswahnsinns ist noch der als Querulanten- oder Processkrämerwahnsinn bezeichnete zu erwähnen.

Es handelt sich um Leute, die wegen irgend eines Vergehens oder einer Civilklage verurtheilt, sich nun im Recht und das Gericht im Unrecht glauben, und in dem schmerzlichen Affekt und der leidenschaftlichen Aufregung, die diese vermeintliche Kränkung ihrer Rechte verursacht hat, den Wahn der Verfolgung concipiren. Der aus diesem Wahn hervorgehende Drang, ihr Recht hergestellt zu sehen, steigert sich immer mehr, beherrscht ihr ganzes Fühlen, Vorstellen und Streben, und was Anfangs noch Leidenschaft schien, wird immer mehr zur wirklichen psychischen Krankheit, die keine Einsicht, Correktur, keine Rücksicht und Vernunft mehr kennt. Mit einer wahnsinnig consequenten Halsstarrigkeit, mit unverschämter Frechheit bestreiten dann solche Menschen nicht blos die Gerechtigkeit, sondern sogar die Rechtskraft der gegen sie ergangenen Urtheile, rekurriren in unablässigen Beschwerden und Eingaben an alle Behörden und Instanzen, ja werfen sich nicht selten zu Rabulisten und Winkeladvokaten für Andere auf. Ueberall abgewiesen, werden sie schliesslich insolent und aggressiv gegen die Gerichtsbehörden, beschuldigen sie der Partheilichkeit, Unredlichkeit, erlauben sich Amtschren- und Majestätsbeleidigungen, Vergewaltigungen an öffentlichen Beamten, Dienern der bewaffneten Macht, ja selbst Mord und Todtschlag.

Lange werden gewöhnlich solche Fälle von den Laien verkannt, denn trotz aller Einsichtslosigkeit für das Thörichte und Unziemliche ihres Gebahrens gebieten solche Kranke in der Regel über eine bewundernswerthe Dialektik und Rechtskenntniss und sind gewandte scharfsinnige

Sachwalter ihrer eigenen nur leider auf einer wahnsinnigen
Prämisse beruhenden Sache. Da sie natürlich, kaum bestraft, desselben Vergehens — meist Amtsehrenbeleidigung
— sich wieder schuldig machen, erscheinen sie als ver-
stockte Bösewichter, bei denen Erschwerungs- und Straf-
schärfungsgründe vorliegen, während ihr unbeugsames Verhalten doch nur die nothwendige Consequenz eines Wahn-
sinnes ist. Werden sie endlich in Irrenanstalten internirt,
so setzen sie in rabulistischer, raisonnirender, querulirender
Weise den kleinen Krieg gegen Gesetz und Gesellschaft
fort, und wenn sich je die Thore der Anstalt ihnen öffnen,
so haben sie ein neues Processobjekt, nämlich die angebliche widerrechtliche Freiheitsberaubung durch die Aerzte
des Irrenhauses.

Die Erkennung des Geisteszustands dieser Querulanten
als eines krankhaften findet, zum Schaden der Justiz, die
viel Zeit und Mühe mit Irrsinnigen verliert und in ihrer
Würde verletzt wird, erfahrungsgemäss erst in vorgerückten
Stadien der Krankheit statt.

Bietet doch der angebliche Kranke dem Laien alle
Kriterien eines geistesgesunden Zustands — logisches Denken
und Urtheilen, überraschende Redegewandtheit, Kenntniss
der Gesetze bis auf die kleinsten Details des gerichtlichen
Verfahrens, leidenschaftliches unsittliches Gebahren u. s. w.

Anders erscheint der Fall dem sachverständigen Auge.
Das formell richtige Denken und Urtheilen erfolgt
nach falschen Prämissen, es fehlt die Möglichkeit, die
Falschheit der Vordersätze zu prüfen und zu erkennen,
weil eine krankhafte leidenschaftliche Erregung ein ruhiges
Ueberlegen hindert, eine mangelhafte Reproduktionstreue
die Thatsachen entstellt im Bewusstsein widerspiegelt und
eine verschrobene alogische Beziehung jener stattfindet.
Dazu finden sich bedenkliche ethische Defekte, trotz aller
Planmässigkeit und Umsicht in der Befriedigung des leidenschaftlichen Drangs Recht zu bekommen ein völliger Mangel
der vernünftigen Einsicht in die Erfolglosigkeit, Schädlich-

keit, Widersinnigkeit des Kampfes um das vermeintliche
Recht.

Dazu die Verbissenheit in Rede und Handlungen, die
krankhafte Rechthaberei, Rabulistik und Wortklauberei,
die Hast und der Zwang im ganzen Gebahren dieser
Kranken, ihre Schreibsucht mit charakteristischer Wort-
verdrehung und Unterstreichen von Kraftstellen, die Mass-
losigkeit der Ausdrucksweise, die aller Kritik und übler
Erfahrung gegenüber unerschütterliche Ueberzeugung vom
wahnhaften Recht und widerfahrenen Unrecht bis zu ausgesprochenem Verfolgungswahn, das krankhafte Misstrauen,
das erhöhte Selbstgefühl bis zu deutlichen Ueberschätzungs-
ideen, das Haschen nach Anlässen, um neue Objekte zum
Processiren aufzufinden.

Lässt eine derartige synthetische Erfassung des zweifelhaften Krankheitszustands keinen Zweifel mehr zu, so verdient noch ausserdem der Umstand Beachtung, dass eine
solche Processlust nicht von ungefähr entsteht, sondern
eine besondere psychische Prädisposition voraussetzt.

Die dem Querulantenwahnsinn anheimfallenden Menschen sind durchweg belastete, meist erblich veranlagte
Menschen, ethisch defekt, geistig beschränkt, originär verschroben, trotz allem Rechtsbewusstsein nie zu einer sittlichen Auffassung des Rechts gelangend, jähzornig, sich
selbst überschätzend, brutale Rechthaber und unverträgliche
Egoisten. Bei vielen besteht schon in frühen Jahren eine
förmliche Processlust.

Nur auf Grund solcher Charakteranomalien und Belastungserscheinungen ist es erklärlich, dass ein geringfügiger Rechtsstreit, in welchem derart Belastete unter-
legen sind, eine so schwere geistige Störung zur Folge
haben kann.

Unter allen Umständen ist beharrliches Queruliren vor
Gericht ein Moment, das dem Gerichtsbeamten den Ver-
dacht auf einen geisteskranken Zustand erwecken muss.
Endlose Processe, Vernichtung des Wohlstands der Familie,

Störungen der öffentlichen Ordnung, Untergrabung der Achtung vor dem Gesetz und dessen Vertretern in gewissen Volksklassen, ungerechte Verurtheilungen, blutige Gewaltthaten, denen selbst Richter zum Opfer fallen können, liessen sich vermeiden, wenn schon früh die Richter den Geisteszustand solcher Processer untersuchen lassen würden und sich nicht durch deren formale Logik und Dialektik düpiren und zu nutzlosen, gefährlichen und ungerechten Massregelungen dieser Unglücklichen bestimmen liessen.

## b) Der religiöse Wahnsinn.

Der überhandnehmende religiöse Indifferentismus hat jene Zustände von religiösem Wahnsinn, die in vergangenen Jahrhunderten eine Rolle spielten, selten gemacht. Es sind heutzutage fast ausschliesslich geistig beschränkte, von Kindsbeinen auf verschrobene, religiös unrichtig beeinflusste, zuweilen auch epileptische Individuen, die dieser Form des Wahnsinns anheimfallen. Neben der religiösen Richtung des Gemüths findet sich in der Regel eine starke Sinnlichkeit in geschlechtlicher Beziehung und geschlechtliche Excesse, namentlich Onanie, sind häufig die excitirenden Momente, welche religiöse Ecstasen, Hallucinationen hervorrufen und damit den Grund zu Wahnideen (Messias, Prophet, Mutter Gottes etc.) legen. Solche Kranke sind höchst gemeingefährlich. Sie werden es durch ihren pathologischen Fanatismus, von Gott empfangene Befehle (Hallucinationen), verrückte Auslegung von Bibelstellen. Religionsstörung, Aufregung und Fanatisirung beschränkter und bigotter Mitglieder der Gesellschaft, Mord vermeintlich unwürdiger oder irrgläubiger Priester, Tödtung von Angehörigen, um sie der Freuden des Paradieses theilhaftig zu machen, sie vor Sünden zu bewahren, in Nachahmung Abrahams ein Gott wohlgefälliges Opfer darzubringen, sind naheliegende und bis in die neueste Zeit in den Annalen der Wissenschaft verzeichnete Unthaten solcher Wahn-

sinniger. Bei jeder Gewaltthat aus religiösen Motiven wird
ein einsichtsvoller Richter den Geisteszustand bedenklich
finden und untersuchen lassen. Die diagnostische Frage
wird sich darum drehen, ob blos religiöser Fanatismus, der
dann die Bedeutung eines mildernden Umstands verdienen
dürfte oder unzurechnungsfähig machender Wahnsinn vorliegt.
Entscheidend sind Wahnideen und Sinnestäuschungen. In
der Regel sind sie die greifbaren Motive der That. Die
Einsichtslosigkeit für deren Bedeutung, die Befriedigung
des Thäters über deren Gelingen, Fortdauer von Sinnestäuschungen, zeitweise wiederkehrende religiöse Exaltations-
zustände, die alogische urverrückte Auslegung von Stellen
der Bibel, Aeusserungen von Selbstkasteiung, Selbstver-
stümmelungen (besonders an den Geschlechtsorganen) bis
zu Versuchen der Selbstkreuzigung in majorem dei gloriam
werden die letzten Zweifel über die Deutung des Zustands
als eines krankhaften beseitigen.

## 4. Erworbene geistige Schwächezustände.

Sie sind theils Ausgänge nicht zur Heilung gelangter
Melancholien, Manien, Wahnsinnszustände, theils begleitende
Erscheinung von das Gehirn und seine Umhüllungen mit
Einschluss der Gehirnrinde befallenden und zum allmähligen
Schwund dieser führenden Ernährungs- und Blutlaufs-
störungen bis zu ausgesprochenen Formen der chronischen
Entzündung.

Als Ursachen ergeben sich irgendwie entstandene acute
Entzündungen der Gehirnhäute (z. B. nach Kopfverletzung,
Sonnenstich), Entartung der Blutgefässe im höheren Alter
und auf Grund von Ausschweifungen (namentlich im Trunk),
sowie heerdartige Gehirnerkrankungen, z. B. blutiger Schlagfluss.

Das Krankheitsbild ist in derartigen Fällen primärer
und organischer Hirnaffektion das eines fortschreitenden
Blödsinns mit Lähmungserscheinungen und durch zeitweise

Blutlaufsstörungen und Reizvorgänge im Gehirn bedingten Aufregungszuständen.

Die Ausgangszustände der Gemüthskrankheiten und Wahnsinnsformen sind solche sog. secundärer Verwirrtheit oder Verrücktheit oder des erworbenen Schwach- bis Blödsinns.

Die Zustände secundärer Verwirrtheit charakterisiren sich durch Zerfall der bisherigen einheitlichen Persönlichkeit, durch Verlust der höheren psychischen Leistungen der Urtheilsbildung, der logischen Ideenverbindung, durch Verblassen der Wahnideen, Zurücktreten der Sinnestäuschungen und Affekte.

Zeitweise noch aufdämmernde Wahnideen, Sinnestäuschungen, wiederkehrende Angstanfälle, maniakalische Erregungen können hier noch strafbare Handlungen herbeiführen. Die Erkennung der schweren geistigen Störung begegnet in solchen Fällen keinen Schwierigkeiten. Anders liegt die Sache da wo, oberflächlich betrachtet, nur geringfügige Schwächungen der höchsten geistigen Funktionen Folgezustände einer überstandenen Geisteskrankheit oder Begleiterscheinungen einer anderweitigen Hirnkrankheit sind.

Der anscheinend intakte Explorand ist doch nicht mehr die frühere geistige Persönlichkeit. Er vermag sich, gleich wie der originär Schwachsinnige zwar ganz gut in den altgewohnten Bahnen des früheren Lebens und Berufs zurechtzufinden, aber es ist nicht mehr der geschickte, strebsame Arbeiter und Geschäftsmann von ehedem. Sein Urtheil ist weniger klar und präcis, die Arbeit geht ihm nicht mehr so leicht von der Hand. Auch seine Empfindungsweise ist gegen früher verändert und stumpfer, seine Beziehungen zur Welt und dem von ihm früher Hoch- und Werthgehaltenen sind matter, seine ethischen Gefühle, seine ästhetischen Urtheile haben nicht mehr die frühere bestimmende Kraft und Wärme. Dafür ist er leichter bestimmbar in seinem Urtheil und seinen Neigungen geworden, von geringerer Energie und Ausdauer in seinen Be-

strebungen, vielfach auch reizbarer, verletzlicher in seinen
Gefühlen und Stimmungen.

Von dieser leisen, oft nur durch Vergleichung der
jetzigen mit der früheren bekannten Persönlichkeit erkennbaren Abschwächung der psychischen Gesammtleistungsfähigkeit bis zu den extremen Graden des Blödsinns finden
sich unzählige Mittelstufen, charakterisirt durch mehr oder
weniger grosse Ideenarmuth, Trägheit des Vorstellens,
Lückenhaftigkeit des Gedächtnisses, Energielosigkeit des
Strebens bis zur Willenlosigkeit.

Sie haben im Allgemeinen grössere Bedeutung für das
Civilforum, wo die bürgerliche Verfügungsfreiheit oft ange-
fochten wird, jedoch auch die Zurechnungsfähigkeit solcher
Individuen kommt dann und wann in Frage, insofern sie
bei ihrer Reizbarkeit und der Schwäche ihrer intellektuellen
und sittlichen Energien Gewaltthaten begehen, bei ihrer
Lenkbarkeit und psychischen Schwäche sich von perversen
Naturen zu Unterschlagungen, Diebstählen gebrauchen lassen,
bei ihrer Gedächtnissschwäche falsche Eide ablegen, bei
ihrem krankhaft gesteigerten oder durch sittliche Motive
nicht gehemmten Geschlechtstrieb Unzuchtsverbrechen oder
Verletzungen des öffentlichen Anstandes sich zu Schulden
kommen lassen u. s. w.

Eine Hauptsache ist auch hier, dass man nicht aus
einzelnen erhaltenen Leistungen und Urtheilen sich zu vor-
eiligen diagnostischen Schlüssen auf das Verhalten des Ge-
sammtzustandes bestimmen lasse.

Besonders wichtige und häufig vorkommende Arten
dieser erworbenen geistigen Schwäche sind der Blödsinn
nach Apoplexie, nach Kopfverletzungen und die sog. Gehirnerweichung der Irren.

### a) Die Dementia nach Apoplexie.

·Nur selten stellt sich nach Schlaganfällen, die das Gehirn betroffen haben, die volle frühere geistige Leistungsfähigkeit her. In der Regel bleiben mehr weniger beträcht-

liche geistige Ausfallserscheinungen zurück und wenn das
Gehirn einem Marasmus und Schwund anheimfällt, kommt
es zu einem fortschreitenden Blödsinn. In leichteren Fällen
besteht ein mässiger Grad von Schwachsinn, der sich in
grösserer Bestimmbarkeit, gemüthlicher Weichheit, Reizbarkeit, geistiger Schlaffheit, Abschwächung der intellektuellen und ethischen Funktionen kund gibt. In schwereren
Fällen leidet das Gedächtniss, die Sprache, bleiben die Rela-
tionen zur Aussenwelt unklar bis zum Verkennen der Personen und dem Verlust des Bewusstseins von Zeit und Ort.
Nicht selten kommt es zeitweise zu ängstlichen Erregungs-
zuständen, Verfolgungsdelirien.

### b) Geistige Schwächezustände nach Kopfverletzung.

Selbst nach geringfügigen Kopfverletzungen können
die geistigen Funktionen gestört werden. Glücklicherweise
ist dies nicht häufig der Fall und sind die Kopfverletzungen,
auf die in foro als die Geistesgesundheit schädigende Thatsachen in der Lebensgeschichte des Thäters hingewiesen
wird, meist ohne Bedeutung. Immerhin sind aber Kopfverletzungen keine so seltene Ursache von geistiger Infirmität oder Störung, namentlich wenn sie im Kindesalter
erfolgten, und der Richter wird gut thun, eine solche Kopfverletzung, wenn Vermuthungen dafür sprechen, dass sie
nicht ohne Folgen geblieben sei, nicht ohne Weiteres zu
ignoriren und wenigstens den Geisteszustand untersuchen
zu lassen. In den Fällen von Geistesstörung bei Verbrechern, welche Delbrück beobachtet hat, finden sich auffallend häufig Kopfverletzungen, ganz besonders bei Ge-
wohnheitsdieben, und die Fälle sind in den Annalen der
gerichtlichen Medicin nicht selten, wo die Nichtberücksich-
tigung einer Geistesstörung nach Kopfverletzung ungerechte
Verurtheilung, sogar zum Tode herbeigeführt hat.

Besonders wichtige Folgen einer Kopfverletzung sind
Aenderung des Charakters, abnorme Gemüthsreizbarkeit

und Unfähigkeit früher gewohnte Mengen spirituöser Getränke zu ertragen (s. u. Zustände pathologischer Alkoholreaktion). Wo derartige Hirnsymptome nach einer Kopfverletzung sich entwickelt haben, muss bei einem Angeschuldigten der Geisteszustand jedenfalls untersucht werden. Besonders wichtig und leicht verkennbar sind Zustände von mässigem aber forensich schwer ins Gewicht fallendem Schwachsinn in Verbindung mit krankhafter Gemüthsreizbarkeit, ferner solche von vorwiegendem sittlichem Schwachsinn mit unsittlichen Neigungen und Trieben. Besonders häufig sind dann bei solchem Irresein nach Kopfverletzungen Affektverbrechen (Todtschlag, Raufhändel etc.). So ist dem Verfasser der Fall eines Kranken bekannt, bei welchem die ethisch-intellektuelle Störung nach einer schweren Kopfverletzung sich in Diebstahl, Bettel, sexuellen und Alkoholexcessen, Vagabundiren und Raufhändeln kundgab. Der Kranke wurde nach zahlreichen Bestrafungen und polizeilichen Massregelungen endlich als geisteskrank erkannt, in die Irrenanstalt gebracht, in welcher er nach Jahren starb. Die Sektion ergab eine chronische Entzündung der Gehirnhäute.

### c) Die Dementia paralytica.

Von hervorragendem Interresse unter den Zuständen psychischer Schwäche ist endlich die der Laienwelt unter der Bezeichnung der „Gehirnerweichung der Irren" bekannte Krankheit auch für das Forum, da an ihr Leidende nicht selten mit dem Strafgesetz in Collision kommen, und leider nur zu häufig ihr krankhafter Zustand verkannt wird. Namentlich sind es die Prodromalperiode der Krankheit und das in ihrem Verlaufe nicht seltene maniakalische Exaltationsstadium, wo dies möglich ist, während in dem Stadium des Grössenwahnes sowie des finalen Blödsinns eine Täuschung über den Zustand kaum mehr möglich sein wird. Die Prodromalperiode dauert zuweilen ein bis mehrere

Jahre und äussert sich vielfach nur in einer ganz allmählig sich vollziehenden Aenderung des Charakters, der Sitten und Neigungen, ohne alles Auftreten von Wahnideen, Sinnestäuschungen oder Affekten. Diese Umänderung des Charakters betrifft zuweilen vorwiegend die ethische Seite. Die früher geläufigen und Obersätze des ganzen Denkens und Handelns gewesenen Begriffe von Anstand und Sittlichkeit lockern sich, verschwinden gänzlich, es kommt zu Zuständen deutlicher moral insanity. Die Kranken vernachlässigen ihre Geschäfte und ihr Aeusseres, ergeben sich auch meist Alkoholexcessen, die sie schlecht ertragen, treiben sich in Bordellen herum, halten sich Maitressen, erlauben sich Verletzungen des öffentlichen Anstandes und kommen dadurch in Conflikte mit der Polizei. Selten ahnt schon jetzt der Laie, dass hinter der ganzen unsittlichen Lebensführung nichts Anderes als eine schwere zum Tode führende Krankheit steckt, obwohl dem Kundigen diese unmotivirte, stetige und scharf ausgesprochene Umänderung des ganzen Wesens und Charakters jedenfalls auffallen muss. Nicht selten finden sich in diesem Stadium schon deutliche Gedächtnissschwäche, namentlich für die Jüngstvergangenheit, Neigung zu Congestionen und Schwindelanfällen, leichte Störungen der Sprache, Ungleichheit der Pupillen; psychischerseits ausser der Gedächtnissschwäche, die sich in Vergesslichkeit, Zerstreutheit kundgibt, Zeichen eines hereinbrechenden psychischen Verfalls, als da sind: Trägheit, Nachlässigkeit, leichtere Bestimmbarkeit neben gemüthlicher Erregbarkeit und Weichheit. Auch das Studium der schriftlichen Arbeiten in dieser Periode ergibt oft schon beachtungswerthe Erscheinungen. So findet sich etwa, dass darin Worte und Buchstaben ausgelassen sind, dass Datum- und Rechnungsfehler gemacht wurden, es finden sich fehlende oder unrichtige Interpunktion, beginnende Aenderungen der Handschrift, grössere Flüchtigkeit der Schriftzüge, schiefe Stellung der Buchstaben, Abweichungen von der geraden Linie, Unsauberkeiten des Papiers — Alles

beachtenswerthe Spuren getrübter geistiger Klarheit, Besonnenheit und Aufmerksamkeit. Häufig entwickelt sich
im Verlauf einer solchen überhandnehmenden psychischen
Schwäche ein Zustand deutlicher maniakalischer Exaltation.
Die Kranken stürzen sich dann in gewagte Spekulationen,
kaufen, verkaufen, verschenken, sind in steter Unruhe und
Erregung. In der Regel geht damit ein gesteigerter Geschlechtstrieb und eine grosse Neigung zu Alkoholexcessen
einher, aus denen Raufhändel, Körperverletzungen, In-
jurien etc. sich nur zu leicht ergeben. Der gesteigerte
Geschlechtstrieb führt zu Familien- und öffentlichen Skan-
dalen, Sittlichkeitsverbrechen und groben Verletzungen des
öffentlichen Anstandes. Besonders häufig begehen diese
Kranken Diebstähle, aber in so plumper einfältiger Weise,
dass der That die Entdeckung auf dem Fusse folgt. Die
Gedächtnissschwäche ist dabei zuweilen jetzt schon so gross,
dass sie auf frischer That ertappt, nach kurzer Zeit gar nicht
mehr wissen, wie sie zu dem gestohlenen Gegenstand gekommen sind, pure die That ableugnen und dann natürlich
für verschmitzte Spitzbuben gehalten werden bis zu dem
Moment, wo im Gefängniss Tobsucht und Grössenwahn
ausbrechen und den Fall aufklären. Auch in den späteren
Stadien der Krankheit ist Diebstahl eine häufige Erscheinung. Meist liegt ihm dann ein universeller Grössenwahn
zu Grund, der Alles für sein Eigenthum hält. Bewusstseinsstörung und Illusionen veranlassen dabei den Kranken,
oft ganz werthlosen Flitterkram zu stehlen, indem er ihn
für äusserst werthvolle Gegenstände hält.

In den Irrenanstalten ist es ganz gewöhnlich, dass derartige Kranke Abends alle Taschen mit allem möglichen
Kehricht und Unrath, den sie unter Tags gesammelt, voll
haben. In den späteren Stadien, wo die Dementia das
Krankheitsbild überwuchert hat, sind die criminellen Handlungen hauptsächlich durch die schwere Bewusstseinsstörung
vermittelt. Die Kranken wissen nicht mehr Zeit und Ort,
Mein und Dein auseinander zu halten. Sie begeben sich

z. B. in fremde Häuser in der Meinung, es sei ihr eigenes, und tragen daraus Gegenstände fort, sie gehen auf fremdes Ackerfeld und ernten dort oder richten in triebartiger Geschäftigkeit allerlei Beschädigungen an. Sie verschulden ferner Feuersbrünste, indem sie z. B. die Kommode für den Heerd halten und darein Feuer machen, oder achtlos brennende Zündhölzchen wegwerfen.

Die Erkennung derartiger weitgediehener Fälle ist nicht schwierig. Die grosse Bewusstseinsstörung, Vergesslichkeit, Gleichgiltigkeit, Einsichtslosigkeit psychischerseits, die unverkennbaren Zeichen eines schweren Hirnleidens, wie sie sich durch die Bewegungs- und Sprachstörungen verrathen, sichern die Diagnose.

Die erwähnten Eigenthümlichkeiten des Bewusstseinszustandes geben dem Mechanismus des Handelns derartiger Kranker zudem ein ganz besonderes Gepräge. Ihre Handlungen werden mit einer auffallenden Plumpheit, Brutalität, Rücksichtslosigkeit, Ungeschicklichkeit und Planlosigkeit, wie sie nur ein solcher Zustand von Demenz und Bewusstseinsstörung bedingen kann, in Scene gesetzt.

Gleichwohl ist es ein ganz gewöhnliches Vorkommen, dass solche Kranke für wirkliche Diebe gehalten und bestraft werden, indem man ihre Ungenirtheit für ungewöhnliche Frechheit, ihr Läugnen aus Gedächtnissschwäche für Absicht und Simulation hält und ihre vorgeschrittene Geistesschwäche übersicht.

### 5. Das Irresein durch Ausschweifungen im Trunk (Trunksucht. Alkoholismus chronicus).

Der fortgesetzte Alkoholmissbrauch führt früher oder später zu einer sittlichen, intellektuellen und körperlichen Entartung beim Trunkenbold, deren tiefe organische Bedeutung sich daraus ergibt, dass die Nachkommen solcher Säufer in der Mehrzahl an Convulsionen bald nach der Geburt zu Grund gehen oder nervenschwach und Träger

von Krankheitskeimen sind, die sich zu den schwersten
Nerven- und Geisteskrankheiten entwickeln. Die sociale
Bedeutung der Trunksucht lässt sich u. A. daraus ermessen,
dass in Deutschland z. B. etwa 50 % aller Verbrechen
unter dem Einfluss von Alkoholexcessen begangen werden.
     Der Missbrauch des Alkohol ist ursprünglich ein Laster,
eine Leidenschaft, zu dem jedoch mannigfache sociale Missstände (ungenügende Nahrung) angeborene und erworbene
nervöse Schwäche, geistige Verstimmungen etc. den Anlass
geben. Mit der Zeit führt aber das Laster zur Gehirnkrankheit (chronisch-entzündliche Processe) und dadurch
wird die Zurechnungsfähigkeit in Frage gestellt. Nie sollte
der Untersuchungsrichter unterlassen sich zu informiren
ob der Angeschuldigte ein Säufer ist. Die ersten Zeichen
der Störung der Geistesfunktionen pflegen sich in der
ethischen Sphäre kundzugeben als bedenkliche Abnahme
der ethischen Gefühle und sittlichen Correktive. Der
Säufer verliert die Selbstachtung und wird gleichgiltig
gegen die Werthschätzung Seitens seiner Mitbürger. Sein
Pflichtgefühl erlischt gegenüber Gesellschaft, Familie, Beruf, er wird ein brutaler cynischer Egoist (inhumanitas
ebriosa), er wird reizbar, jähzornig (ferocitas ebriosa) und
bietet Zeiten tiefer geistiger Verstimmung bis zum Lebensüberdruss (morositas ebriosa), Gedächtniss, Intelligenz,
geistige Energie lassen nach, er vermag seinen sittlichen,
geistigen und materiellen Ruin zwar noch vorauszusehen,
aber trotzdem seinem Laster nicht zu entsagen. Ist der
Alkoholgenuss doch das einzige Mittel, das ihm vorübergehend noch ein Aufraffen aus seiner geistigen, gemüthlichen und körperlichen Versunkenheit gewährt und ermöglicht!
     So bewegt sich der Trunkenbold auf der schiefen Ebene
seines geistigen, körperlichen und socialen Verfalls immer
weiter abwärts. Es stellen sich Kopfweh, Schwindel, epileptische Zustände ein, die Sinne werden stumpf, es kommt
zu Sinnestäuschungen, zu Muskelschwäche, Zittern, Ent-

artung der Verdauungsorgane, der Leber, Nieren. Der Unglückliche erträgt immer weniger den Alkohol, bekommt davon epileptische Anfälle, Delirien, Wuthanfälle. Der Ausgangszustand ist körperliches Siechthum und Stumpfsinn.

Die sittliche und intellektuelle Schwäche dieser Trunksüchtigen, ihre krankhafte Gemüthsreizbarkeit führen zu den verschiedensten Gewaltthaten und Gesetzesverletzungen (Diebstahl, Unterschlagung, Meineid, Unzucht, Körperverletzungen, Todtschlag, Brandstiftung etc.) und machen sie in hohem Grad gemeingefährlich. Dazu kommt ein auffallend häufig und früh bei Säufern sich findender Wahn geschlechtlicher Untreue (Eifersuchtswahn), der sich oft auf Sinnestäuschungen stützt und nicht selten zu Mord der vermeintlich ehebrecherischen Gattin und ihres angeblichen Zuhälters führt. Das Vorkommen dieser fixen Idee bei Säufern verdient um so mehr alle Beachtung in foro, als die That ganz den Charakter der Rachsucht, Leidenschaft an sich trägt, ihr Motiv keine Unmöglichkeit enthält, oft recht plausibel gemacht wird, und, in frühen Stadien der Trunksucht wenigstens, die geistigen und körperlichen Zeichen dieser im Gefängniss mit der Entziehung des Alkohol rasch zurückzutreten pflegen.

Die Bedeutung und Gefährlichkeit der Trunksucht wird noch dadurch gesteigert, dass jederzeit, besonders leicht durch Excesse im Trinken oder durch Entbehrung des gewohnten Nervenreizmittels transitorische Geistesstörung eintreten kann. Besonders häufig und wichtig sind Anfälle von Delirium tremens, trunkfälliger Sinnestäuschung und Verfolgungswahn. Heftige Angst, krankhafte Hallucinationen, feindliche Verkennung der Aussenwelt, schwere Störung des Bewusstseins können hier die schlimmsten Gewaltthaten herbeiführen.

Schon in frühen Stadien der Trunksucht muss der sittlichen und intellektuellen Schwäche, sowie der krankhaften Gemüthsreizbarkeit Rechnung getragen und auf mildernde Umstände erkannt werden. Die vorgeschrittenen Stadien

sind dem Blödsinn, die episodischen Anfälle von Geistesstörung dem Wahnsinn gleich zu erachten.

Die Gemeingefährlichkeit und Unverbesserlichkeit der
sich selbst überlassenen Säufer nöthigt zu polizeilicher
Ueberwachung, in schweren Fällen zur Unterbringung in
Bewahranstalten oder am besten in Trinkerasylen, die hoffentlich mit der Zeit in allen Culturländern entstehen werden.

## 6. Das Irresein der Epileptischen.

Eine überaus häufige Krankheit ist die Epilepsie und
die statistischen Forschungen ergeben, dass bei 62 % dieser
Kranken die geistigen Funktionen zeitweise oder dauernd
gestört sind. Die Bedeutung der Epilepsie für das Forum
ergibt sich damit von selbst und die hohe Procentzahl der
geistig gestörten Epileptiker rechtfertigt die schon im allgemeinen Theil dieses Buchs gestellte Forderung, dass der
Untersuchungsrichter ein wachsames Augenmerk auf den
Geisteszustand Epileptischer habe und eine ärztliche Beobachtung und Untersuchung ihres Geisteszustands verfüge.
Die Forderung ist um so wichtiger als die Art der epileptischen Delirien gerade zu den schwersten Verbrechen Anlass gibt und ihre Erfüllung lässt hoffen, dass ungerechte
Verurtheilungen dieser höchst unglücklichen Kranken selten
sich ereignen werden. Dass sie unmöglich werden, ist vorerst nicht zu hoffen, da die Epilepsie häufig dem Kranken
wie seiner Umgebung unbekannt bleibt, weil die Anfälle
der Krankheit etwa nur zur Nachtzeit oder höchst selten eintreten, oder als scheinbar bedeutungslose Schwindel-, Angst-,
Ohnmachtanfälle u. dgl. die gewöhnlichen Anfälle des Leidens
vertreten.

Damit fehlt dann ein wichtiger Hinweis auf die Epilepsie überhaupt und auf die Möglichkeit einer Gefährdung
des geistigen Lebens. Für den Juristen ist die Thatsache
wichtig, dass verschiedenartige krampfhafte Anfälle mit
Verlust des Bewusstseins die Bedeutung epileptischer haben

können, dass die Störung der Geistesfunktionen nicht von
der Intensität und Zahl irgendwie gearteter Anfälle abhängig ist.

Die Störungen des Geisteslebens beim Epileptiker sind
theils dauernde, theils transitorische.

Die dauernden Störungen äussern sich in Form von
Aenderungen des Charakters im Sinn krankhafter Gemüthsreizbarkeit, launenhafter Stimmung mit vorwaltender depri-
mirter oft auch hypochondrischer, in Egoismus, Abstumpfung
des Gemüths, Nachlass der ethischen Gefühle bis zu Zuständen wahrer moral insanity mit unsittlichen selbst verbrecherischen Antrieben von oft ganz impulsivem Charakter,
in auffälliger Brutalität und Grausamkeit, Misstrauen gegen
die Aussenwelt bis zu Andeutungen von Verfolgungswahn.
Daneben können sich Züge von Bigotterie, krankhafter
Religiosität finden, die dem Charakter in gesunden Tagen
entschieden fremd waren. Neben diesen Charakteranomalien
und ethischen Defekten finden sich Erscheinungen einer
intellektuellen Schwächung, die durch alle Stufen des
Schwachsinns bis zu völligem Blödsinn sich erstrecken können. Einen mächtigen jedoch vorübergehenden Einfluss
auf das Geistesleben des Epileptikers üben seine Anfälle
aus. Minuten bis Tage vor solchen können Zustände tiefer
geistiger Depression mit Verwirrung der Gedanken, grosser
Gemüthsreizbarkeit, Angst, schreckhaften Hallucinationen,
peinlichen Zwangsvorstellungen oder Verfolgungsdelirien
bestehen und, ähnlich wie beim Melancholischen und Wahnsinnigen, zu schrecklichen Gewaltthaten treiben. Analoge
geistige Störungen finden sich häufig im Anschluss an Anfälle. Da solche häufig der Beobachtung entgehen, die
zur That treibenden psychischen Störungen ganz transitorische sind, begreift sich die Schwierigkeit der Erkennung und Beurtheilung derartiger krankhaft vermittelter
Gewaltthaten. Der Umstand, dass jederzeit bei Epileptischen solche explosive Erscheinungen auftreten können,
nöthigt zur grössten Vorsicht und legt die Wahrscheinlich-

keit nahe, dass sie mit einem so leicht der Beobachtung entgangenen Anfall des Leidens in Verbindung stehen.

Einer der bedeutendsten französischen Aerzte erklärt geradezu „man kann annehmen, fast ohne Gefahr sich zu täuschen, dass wenn ein Individuum plötzlich, ohne vorherige Geistesstörung, ohne bis dahin ein Zeichen von Geisteskrankheit geboten zu haben, auch ohne leidenschaftlichen Antrieb und ohne durch Alkohol oder sonst eine das Nervensystem heftig erregende Substanz vergiftet zu sein, einen Mord begeht, dieses Individuum epileptisch ist, dass es entweder einen gewöhnlichen Krampfanfall oder, was häufig vorkommt, einen blossen epileptischen Schwindelanfall hatte.“

Um so mehr ist nach Trousseau's Erfahrungen dies zu vermuthen, wenn ein Mord ohne Motiv, eigennützigen Zweck, ohne Prämeditation, ohne Berücksichtigung von Zeit, Ort, Mitteln begangen wurde.

An die Zustände der Epilepsie knüpft sich noch ein weiteres forensisches Interesse, insofern als Vorläufer oder Nachzügler epileptischer Anfälle, zuweilen auch ohne Zusammenhang mit solchen, transitorische Irreseinszustände beobachtet werden, die, wenn sie ohne Zusammenhang mit gewöhnlichen Anfällen der Epilepsie sich einstellen, als selbständige Anfälle eines transitorischen Irreseins imponiren und dann unrichtig als „Mania transitoria“ u. dgl. gedeutet werden.

Die heutige gerichtliche Medicin ist in der Lage, derartige transitorische Irreseinszustände aus ihren klinischen Eigenthümlichkeiten als epileptische zu erkennen, auch wenn sie als freistehende, gleichsam stellvertretende Erscheinungen eines epileptischen Anfalls sich finden und der Umstand, dass das Individuum epileptisch ist, vorläufig noch zweifelhaft erscheint.

Ihre epileptische Bedeutung ergibt sich aus ihrem jähen Ausbruch und Abschluss mit Vorläufern und Nachzüglern, wie sie auch beim gewöhnlichen krampfhaften Anfall des

Epileptikers beobachtet werden, aus der schweren Bewusstseinsstörung des Kranken im Anfall, aus seinen schreckhaften Delirien (der Verfolgung) und Hallucinationen, namentlich wenn sie mit religiösen, heiteren abwechseln, mit
Angst, grosser Gereiztheit und zeitweisem Stupor sich finden.
Dazu kommt die lückenhafte bis vollkommen fehlende Erinnerung für die Erlebnisse des Anfalls, entsprechend der tiefen
Bewusstseinsstörung, jedoch ist zu beachten, dass unmittelbar nach dem Anfall die Erinnerung noch vorhanden sein
kann, um dann rasch und dauernd verloren zu gehen.

Auch die Handlungsweise der Kranken ist wichtig, insofern sie, wenn auch anscheinend planmässig und combi-
nirt, doch eine traumhafte, impulsive ist, indem bei dem meist
gleichartigen Inhalt des Bewusstseins in solchen Anfällen
dieselben Handlungen (Diebstahl, Brandstiftung, Mordver-
such etc.) wiederkehren, entsprechend dem schrecklichen
Inhalt des Bewusstseins das Handeln vielfach das Gepräge
wilder Wuth, verzweifelter Gegenwehr, planlosen Vernich-
tungsdrangs bekommt und eine unglaubliche Brutalität und
Grausamkeit aufweist.

Unter den transitorischen Anfällen psychischer Störung
sind ganz besonders wichtig kurzdauernde Zustände geistiger
Umdämmerung bis zum völligen Verlust des Bewusstseins, in
Verbindung mit impulsiven Antrieben zu Diebstahl, zu öffent-
licher Gewaltthätigkeit, Brandstiftung, Mord, Unzuchtsvergehen. Die rücksichtslose Handlungsweise, die häufige
Wiederkehr identischer Handlungen, die fehlende Erinnerung des Angeschuldigten sind geeignet, den Verdacht auf
temporär unfreien, speciell epileptischen Geisteszustand zu
lenken.

Nicht minder sind bemerkenswerth Dämmerzustände
mit heftiger Angst und tiefer geistiger Verworrenheit,
wobei, analog wie beim Melancholischen im Angstanfall,
schwere Gewaltthaten gegen die Umgebung erfolgen können.
Eine Weiterentwicklung solcher Anfälle stellen Dämmerzustände mit Delirien und schreckhaften Hallucinationen

dar, in welchen der Kranke der feindlich verkannten Aussenwelt höchst gefährlich wird, tobt und sich verzweifelt seines
vermeintlich bedrohten Lebens wehrt. Eine Varietät dieses
hallucinatorischen Delirs ist das religiöse, in welchem der
Kranke sich im Himmel wähnt, mit göttlichen Personen im
hallucinatorischen Verkehr steht. Auch hier sind auf Grund
von Hallucinationen Gewaltthaten möglich.

Es ist bemerkenswerth, dass trotz der schweren geistigen Verworrenheit der Kranke anscheinend planmässiger,
von Combination zeugender Handlungen fähig ist. Noch
mehr ist dies möglich in anfallsweisen Irreseinszuständen,
in welchen der Epileptiker in einem traumartigen Dämmer-
zustand analog dem Schlafwandler auf Grund von Delirien
und Zwangsvorstellungen complicirte Handlungen z. B.
Reisen vollbringt. Während die Dämmerzustände mit impulsiven Akten oft nur Minuten, die mit Angst und Delirium meist nur Stunden bis Tage dauern, können diese
Traumzustände sich auf Wochen erstrecken. Vagabundiren,
Diebstahl, Schwindeleien, Desertion, selbst Mord sind in
diesen Zuständen mehrfach beobachtet und auch falsch beurtheilt worden. Ein klassisches Beispiel bietet der vor
Jahren in Berlin verhandelte Fall Holtzapfel (Mord mehrerer Personen in epileptischem Traumzustand), in welchem
ein Todesurtheil gefällt, aber auf dem Weg der Gnade
in Zuchthausstrafe umgewandelt wurde.

Diese Traumzustände sind um so wichtiger, weil die
Bewusstseinsstörung wenig augenfällig ist und (wie beim
Nachtwandler) durch ein oft recht planmässiges Handeln
verdeckt ist, ferner dadurch, dass diese Dämmer- und
Traumzustände unvermerkt eintreten können, sich zeitlich
nicht scharf von dem luciden Geisteszustand abheben und
somit ihr zeitlicher Umfang schwer zu bestimmen ist.

Alle diese Thatsachen machen die Frage des Geisteszustands Epileptischer zur Zeit einer strafbaren That zu
einer äusserst schwierigen. Die Epilepsie beweist an und
für sich nichts für die Unzurechnungsfähigkeit des an ihr

Leidenden, auch das Zusammentreffen einer strafbaren That mit einem epileptischen Insult beweist nichts, da ein nicht geringer Procentsatz der Epileptischen geistig intakt bleibt und geistige Abnormitäten nicht immer dem epileptischen Anfall vorausgehen oder ihm folgen. Aber die grösste Vorsicht ist hier nöthig und die Möglichkeit nie ganz auszuschliessen, dass das schwere Nervenleiden dennoch einen Einfluss auf die Begehung einer strafbaren That ausgeübt hat, insofern es etwa die Entstehung von krankhaften Stimmungen und Affekten begünstigte, Besonnenheit und Bewusstsein trübte, die Zugkraft sittlicher und intellektueller Gegenmotive schwächte.

Man bedenke nur, dass die psychischen Störungen beim Epileptischen äusserst flüchtig sein und epileptische (Schwindel-) Anfälle, die sie bedingten, der Beobachtung gänzlich entgangen sein können.

Der vorsichtige Jurist wird deshalb gut thun, bei epileptischen Angeschuldigten immer das Gutachten der ärztlichen Sachverständigen einzuholen und anerkennen, dass die gerichtlich medicinische Wissenschaft gerade diesen Zuständen gegenüber eine ziemlich hohe Stufe der Sicherheit erreicht hat.

Unter allen Umständen wäre es human und klug, in der Epilepsie an und für sich einen Milderungsgrund für ein begangenes Verbrechen zu erkennen. Die Flüchtigkeit und Häufigkeit schwerwiegender psychischer Störungen beim Epileptischen, die nie ganz auszuschliessende Möglichkeit, dass eine strafbare That mit einem psychische Störung herbeiführenden unbeobachteten epileptischen Insult in Beziehung stand, vielleicht in einem Zustand geistiger Umdämmerung zu Stande kam, rechtfertigen diese Forderung. Die Zustände epileptischen Blödsinns und transitorischer Geistesstörung bieten der Zurechnungsfähigkeitsfrage keine Schwierigkeiten.

## 7. Das Irresein der Hysterischen.

Auch die Hysterie, jene vielgestaltige Nervenkrankheit, die vorzugsweise das weibliche Geschlecht im Alter der Fortpflanzungsfähigkeit afficirt, bietet mannigfache Beziehungen zur gerichtlichen Medicin, da sie nicht nur in der Regel mit elementaren psychischen Störungen sich verbindet, sondern auch in Zustände transitorischer oder dauernder Seelenstörung übergeht und sich umwandelt.

Die elementaren Störungen der psychischen Funktionen fehlen wohl nie im Verlaufe einer hysterischen Neurose. Sie äussern sich theils in abnormer Gemüthsreizbarkeit, die als üble Laune, Reizbarkeit, äusserlich wenig oder gar nicht motivirte Verstimmung, in dem Herrschen von Affekten und leidenschaftlichen Stimmungen, Unzufriedenheit, Zanksucht ihren klinischen Ausdruck findet, theils in äusserlich ganz unmotivirtem Stimmungswechsel, zuweilen deutlich ausgesprochenem Wechsel von Exaltation und Depression, womit krankhafte Zu- und Abneigungen gegen Personen und Objekte, auffallende Sympathien und Antipathien gegeben sein können.

Auch im Gebiet des Vorstellens finden sich mannigfache Störungen, wesentlich charakterisirt dadurch, dass die Reproduktionstreue der Vorstellungen Noth leidet, der Vorstellungsgang vielfach ein abspringender wird, und oft dem gesunden Fühlen und Vorstellen ganz fremde, oft wunderliche und verkehrte Vorstellungen auftauchen und mit einer krankhaften Prävalenz sich im Bewusstsein behaupten. (Zwangsvorstellungen.) Im Gebiet des Strebens und Wollens finden sich, neben krankhaft einseitig festgehaltenen Strebungen, eine bezeichnende Willensschwäche und Energielosigkeit, die sich in Flüchtigkeit der Strebungen, Bevorzugung von absurden ungewöhnlichen Motiven, völliger Gleichgiltigkeit gegen wichtige Lebensinteressen, vielfach kundgibt.

Auffallende Erregung und selbst Perversion bietet oft auch die geschlechtliche Sphäre.

Mit der fortschreitenden Steigerung dieser angedeuteten Anomalien und dem Nachlass der Zugkraft sittlicher Motive und Correktive kann es zu criminellen Handlungen kommen, deren volle Verantwortlichkeit dann fraglich ist. So führen die krankhafte Verstimmung, der pathologische Egoismus und die grosse Reizbarkeit der Hysterischen leicht zu Ehrenkränkungen, Verleumdungen, Denunciationen; namentlich die Affekte derselben dauern länger als bei Personen von gesundem Nervensystem, und nähern sich oft mehr dem Bild einer Tobsucht als dem eines gewöhnlichen Affekts.

Die grundlose Antipathie gegen gewisse Personen erzeugt leidenschaftliche Stimmungen gegen diese, welche die Motive verbrecherischer Handlungen werden können, ja selbst die natürlichen Gefühle der Mutterliebe können sich in krankhafte Abneigung gegen die Kinder verwandeln, und zu brutaler Misshandlung derselben führen. Die übergrosse Einbildungskraft und mangelhafte Reproduktionstreue gibt Anlass zu falschen gerichtlichen Angaben und falschem Eid; der Drang, sich interessant zu machen, die schliesslich unbeherrschte Lust Aufsehen zu erregen, führt zu Betrügereien, Intriguen, Simulation. Eine moderne Form des frommen Betrugs, die fast nur auf dem Boden des Hysterismus vorkommt, aber selten dem aufgeklärten und energischen Untersuchungsrichter und Staatsanwalt gegenüber Stich hält, sind die Muttergotteserscheinungen, aus denen die Spekulation dann Gnadenorte schafft.

Sexuelle Erregung erzeugt oft geschlechtliche Verirrungen, grundlose Beschuldigung männlicher Personen der Umgebung, unzüchtige Handlungen sich gegen die Kranke erlaubt zu haben, Eifersucht und Argwohn gegen den Ehemann und damit Skandalprocesse und Ehescheidungsklagen. Aus Zwangsvorstellungen, perversen Gelüsten, die

wieder aus abnormen Gemeingefühlsempfindungen entstehen
können, ergeben sich Diebereien, Unterschlagungen etc.

Analog wie bei Epileptischen kommen auch hier im
Zusammenhang mit hysterischen Krampfanfällen oder auch
ohne solche transitorische Irreseinszustände verschiedenster
Form hervor. Sie äussern sich als affektartige Zustände,
als delirante mit schreckhaftem oder religiösem und sexuellem
Delir bis zur Ecstase, als manicartige Aufregungen mit impulsiven geschlechtlichen und Diebstahlshandlungen, dauern
Stunden bis Tage, gehen mit erheblicher Störung des Bewusstseins einher und werden demgemäss nur lückenhaft
oder gar nicht erinnert. Da schreckhafte Delirien und
Sinnestäuschungen hier seltener als bei den Epileptischen
vorkommen, ist ihre forensische Bedeutung keine sehr grosse,
jedoch sind Fälle von schweren in solchen Zuständen begangenen Gewaltthaten (Mord, Brandstiftung) in der Literatur
verzeichnet. Die erotischen Delirien können zu fälschlicher
Beschuldigung verübter Unzucht, die manischen Erregungszustände zu Diebstahl führen, die ecstatischen, insofern sie
mit Predigen etc. einhergehen, können die Menge des Volks
erregen, die öffentliche Ruhe stören und die Polizei zum
Einschreiten nöthigen, namentlich wenn sie epidemisch auftreten. Die Hysterie kann endlich auch ihren Ausgang in
chronisches Irresein (erotische, dämonomanische Verrücktheit, psychische Entartungszustände) nehmen. Am wichtigsten, weil nicht auf den ersten Blick erkennbar, sind
Zustände von folie raisonnante. Da sie nicht leicht zur
Bildung von offenbaren Wahnideen führen, rein formale
und affektive Störungen des Seelenlebens setzen, werden
sie gar leicht falsch beurtheilt, da die Kranken social und
ethisch durchaus den Eindruck böser, lügenhafter, schmäh-
süchtiger Weiber machen. Dennoch ist der Zustand nichts
Anderes als Krankheit. Es besteht hier ein durchaus krankhaftes, in den Extremen sich beständig bewegendes Gefühlsleben, wir vermissen nicht die Reizbarkeit und Leidenschaftlichkeit, die dem Hysterismus eigen ist, die Schmäh-

sucht, Lügenhaftigkeit, Verstellungskunst, den krankhaften
Egoismus, die Launenhaftigkeit, die grundlosen Antipathien,
Sympathien, Bizarrerien. Unter der Form von Laune,
Caprice zeigt sich ein deutlich markirter, ganz unmotivirter
beständiger Gefühlswechsel; wir finden krankhafte Affekte,
krankhaft gesteigerte und vielfach unwiderstehliche Triebe,
namentlich im Gebiete des Geschlechtstriebes, die zu scham-
loser Prostitution, Onanie, zuweilen auch ganz verkehrtem
Gebahren wie Anlegen von Männerkleidern, Neigung nackt
im Zimmer herumzulaufen, sich mit unsaubern Dingen zu
salben, äussern. Der Vorstellungsgang ist abspringend,
bald abnorm verlangsamt, bald bis zur Gedankenjagd beschleunigt, von bizarren unvermittelten Vorstellungen ein-
genommen, die einen zwingenden Einfluss auf das Handeln
gewinnen können und in unüberlegten, bizarren Handlungen,
absurden Gelüsten ihren Ausdruck finden. Dabei erscheinen die Neigungen, Gewohnheiten, Strebungen in
grellem Contrast mit der früheren gesunden Persönlichkeit,
die total umgewandelt, entartet ist.

Das ganze Wollen und Streben solcher Kranker bekommt schliesslich einen triebartigen impulsiven, aller Re-
flexion und alles sittlichen Haltes baaren Charakter, wodurch nothwendig theils einfach unmoralische, theils verkehrte und verbrecherische Handlungen (Dieberei, Schwin-
delei, Vagabundiren) entstehen müssen.

Eine gute Dosis Verstellungskunst, ein fast instinktiver
Hang zur Simulation, erschweren zudem die Diagnose solcher Zerrbilder psychischer Existenz.

Die Zurechnungsfähigkeit im transitorischen und chronischen Irresein der Hysterischen ist natürlich aufgehoben.
Schwierigkeit für die rechtliche Beurtheilung bereiten nur
die Fälle mit blossen elementaren Störungen. Blosse Verstimmungen, Launen, Gelüste hysterischer Weiber dürfen
kein Entschuldigungsgrund für criminelle Handlungen werden, doch ist nicht zu übersehen, dass die Hysterie eine
Neurose des gesammten Nervensystems ist, mannigfache

Erschwerungen der normalen Aeusserung der psychischen
Energien, namentlich nach der sittlichen und Willensseite
sich finden, die Erregbarkeitsschwelle für gemüthliche Reize
bedeutend tiefer liegt, und Affekte leichter eintreten und
das schwache Ich überwältigen.

In der Regel dürfte in derartigen Fällen eine verminderte rechtliche Verantwortlichkeit (mildernde Umstände)
anzuerkennen sein. —


# Zustände krankhafter Bewusstlosigkeit.

Die praktisch-ärztliche und volksthümliche Anschauung
versteht unter Geisteskrankheit andauernde, meist Wochen
und selbst Jahre währende Zustände geistiger Störung, die
selbständige, von allgemeinen oder örtlichen krankhaften
Zuständen des übrigen Körpers, unabhängige Hirnerkrankungen darstellen.

Es gibt jedoch psychische Ausnahmszustände, in wel-
chen die Bedingungen der Zurechnungsfähigkeit ebenso
aufgehoben sind wie bei der Geisteskrankheit im engeren
Sinn, jedoch der Verlauf ein rascher, nach Umständen nur
Stunden betragender ist und die Störung der Geistesfunktionen
von mehr weniger deutlich zu Tage liegenden körperlichen
Vorgängen, wie z. B. Fieber, Congestionen zum Gehirn,
Vergiftung, aus bedingt ist. Während eine strengwissen-
schaftliche Auffassung diese Zustände von „transitorischem"
Irresein den chronischen Geistesstörungen anreiht, hat die
Gesetzgebung jene unter einem eigenen Terminus „der
Bewusstlosigkeitszustände" von dem Ganzen der übrigen
Störungen der Geistesthätigkeit abgegränzt. Der gesetzliche Begriff der Bewusstlosigkeit ist nicht gleich zu setzen
dem landläufigen, alltäglichen, in welchem ein Individuum
bewusstlos im Sinn einer Aufhebung der geistigen Thätigkeit überhaupt und damit auch der Fähigkeit, Bewegungsakte zu vollbringen, gedacht wird. Die Bewusstlosigkeit

im Sinn des Strafgesetzbuchs deutet nur einen Zustand von
Verdunklung des Bewusstseins an und zwar bis zu dem
Grad, dass das Bewusstsein der eigenen Persönlichkeit und
der Aussenwelt getrübt bis aufgehoben ist. Das Individuum
ist sich als einer denkenden, empfindenden, handelnden
Person nicht mehr bewusst, aber es ist im Stand auf Grund
von inneren krankhaften Erregungsvorgängen (Delirien,
Hallucinationen) mit der Aussenwelt in Verkehr zu treten,
automatisch Handlungen zu verrichten, von denen das
Selbstbewusstsein nicht oder nur dämmerhaft Kunde bekommt und die demgemäss nur traumhaft oder gar nicht
erinnert werden.

Sie gehen nicht von der gesunden Persönlichkeit des
Individuums aus, der Bewegungsapparat dient den unbewussten krankhaften psychischen Bewegungsmotiven rein
maschinenartig, die Bewegungsakte sind rein automatische.
Eine wichtige Thatsache ist jedoch, dass trotz aufgehobener
Besonnenheit, Unterscheidungs-, Urtheils- und Wahlfähigkeit in diesen Zuständen ein anscheinend planmässiges überlegtes Handeln möglich ist.

Dieser Anschein führt nur zu leicht Täuschungen über
den Bewusstseinszustand des Handelnden zur Zeit seiner
That herbei. Dazu kommt als erschwerendes Moment für
die Erkennung und Klarstellung dieser Zustände ihre Flüchtigkeit. Da zudem solche Bewusstlosigkeitszustände häufig
vorkommen, ebenso leicht vorgetäuscht werden können, ist
das forensische Interesse an ihnen kein geringes.

Zwei Umstände sind es, die vorweg Beachtung verdienen und die Nachweisung jener Zustände erleichtern.

Zunächst wird ihre Flüchtigkeit dadurch compensirt,
dass sie Ausdruck oder Folge dauernder krankhafter Ver-
anlagungen oder wirklicher Krankheiten des centralen
Nervensystems sind oder wenigstens, wenn auch vorübergehender, so doch greifbarer körperlicher allgemeiner
Störungen (Fieber, Menstruationsvorgänge etc.).

Ferner entspricht dem Grad, der Art und dem zeit-

lichen Umfang der krankhaften Bewusstlosigkeit eine Trü-
bung der Erinnerung bis zum völligen Mangel derselben.
Es ergibt sich daraus die Wichtigkeit einer richterlichen
Erhebung und Prüfung der Erinnerungsfähigkeit für die
Zeit der incriminirten That, der genauen Feststellung ihres
zeitlichen Umfangs sobald als möglich nach der Einlieferung.
Die Behauptung des Angeschuldigten, dass er seiner That
sich nicht erinnere, muss sofort den Verdacht auf einen
Bewusstlosigkeitszustand zur Zeit jener erwecken. Die
durch eingehende Vernehmung gewonnene Gewissheit, dass
die Amnesie keine erlogene ist, nähert jene Vermuthung
der Wahrscheinlichkeit und nöthigt zur Berufung des Experten. Der Nachweis einer wohlcharakterisirten Form
von Bewusstlosigkeit Seitens der Sachverständigen schafft
Gewissheit, die ihre volle wissenschaftliche Sicherheit damit gewinnt, dass eine dauernde Disposition oder Krankheit des Nervensystems oder eine somatische Allgemein-
erkrankung als Grundlage jener transitorischen Störung
der Geistesfunktionen (Bewusstlosigkeit) erwiesen wird.
Die frühere Gesetzgebung nahm auf solche krankhafte Bewusstseinszustände Bedacht unter der Bezeichnung
„Sinnenverwirrung" [1]), ein Ausdruck, dem bei seiner Un-
klarheit der Terminus der „Bewusstlosigkeit", wenn er
richtig aufgefasst wird, entschieden vorgezogen werden
muss, insofern er den Kern der Sache berührt und naturwissenschaftlich verständlich ist. Für die Mehrzahl der
unter diesen Begriff fallenden krankhaften Zustände wäre
übrigens der Terminus des transitorischen Irreseins klarer
und klinisch bezeichnender. Die Formen epileptischer und
hysterischer Bewusstlosigkeit wurden schon oben besprochen.
Es erübrigt noch die Besprechung
1. der abnormen Zustände des Schlaflebens;
2. der Zustände von Fieber- und Erschöpfungsdelir;

---

[1]) Oesterr. Strafgesetz § 2 c. „Sinnenverwirrung, in welcher der
Thäter sich seiner Handlung nicht bewusst war."

3. der von transitorischer Geistesstörung durch plötzliche und tiefe Störungen der Blutcirculation im Gehirn
(Mania transitoria und Raptus melanch.);
4. der Vergiftungszustände durch Alkohol und anderweitige Hirngifte;
5. der pathologischen Affektzustände durch originäre
und erworbene krankhafte Hirnzustände.

## 1. Die Traumzustände.

Dahin gehören die Schlaftrunkenheit (Somnolentia) und
jener eigenthümliche Zustand des Nervensystems, den man
als Schlafwandeln (Somnambulismus) bezeichnet.

### a) Die Schlaftrunkenheit.

Sie ist jener eigenthümliche intermediäre Zustand zwischen Schlafen und Wachen, der eintritt, sobald die mit
dem Erwachen gewöhnlich verbundene sofortige Wiederkehr von Selbstbewusstsein und Besonnenheit verzögert
wird, so dass aus dem Traumleben mit herübergenommene
Vorstellungen und Sinnestäuschungen oder falsche Eindrücke
aus der noch nicht zum Bewusstsein gekommenen realen
Welt den traumartigen Bewusstseinszustand unterhalten.
Da aber in diesem intermediären Zustand schon motorische Reaktionen auf diese traumhaften Vorstellungen
möglich sind, hat die Criminalpsychologie ein Interesse an
diesem Zustand, insofern Gewaltthaten von solchen Schlaftrunkenen an der traumartig verkannten Umgebung möglich sind, und auch nicht allzu selten vorkommen.
So hat man Fälle beobachtet, wo Leute von einem
beängstigenden Traume gequält und darüber erwacht, in
vermeintlicher Nothwehr gegen eingedrungene Diebe und
Mörder ihre nebenanschlafenden Angehörigen oder Personen,
die sie aus tiefem Schlafe erweckten, feindlich verkennend
tödteten.
Ein erschütternder derartiger Fall findet sich in Buck-

nill und Tuke's Lehrbuch mitgetheilt. Ein Constabler hörte aus einem Hause mitten in der Nacht den Angstruf „rettet meine Kinder!" Er eilte ins Haus und traf eine Mutter im Nachtkleid, in grösster Verwirrung und Aufregung. Alles im Zimmer war in wirrem Durcheinander, zwei kleine Kinder sassen in einer Ecke gekauert. Die Frau rief beständig: „wo ist mein Säugling? Haben Sie ihn aufgefangen? Ich muss ihn zum Fenster hinausgeworfen haben." Sie hatte das Kind durch eine Scheibe zum Fenster hinaus auf die Strasse geworfen, ohne jenes zu eröffnen. Sie hatte geträumt, ihre kleinen Jungen riefen ihr zu, dass das Haus in Flammen stehe, und in der schlaftrunkenen Sinnesverwirrung hatte sie ihr kleinstes Kind zum Fenster hinausgeworfen, um es vor den Flammen zu retten.

Die Schlaftrunkenheit als solche ist ein ganz transitorischer, nur wenige Minuten dauernder Zustand; nur in seltenen Fällen werden neue Sinnesdelirien aus einwirkenden Sinnesreizen erzeugt, unterhalten die hieraus entstehende Sinnesverwirrung und verzögern die Wiederkehr der Besonnenheit. Die Erinnerung an die Erlebnisse des schlaftrunkenen Zustandes ist immer nur eine summarische, die in ihn fallenden Begebenheiten projiciren sich dem wiedererwachten Bewusstsein wie ein Traum.

Prädispositionen für die Entstehung der Schlaftrunkenheit geben alle Umstände, welche den Schlaf besonders tief machen, namentlich die ersten Stunden des Schlafes und das jugendliche Alter, Zeiten, in denen der Schlaf schon physiologisch ein besonders tiefer ist, ausserdem grosse Strapazen, lange Entbehrung des Schlafes, vorausgegangener Genuss von geistigen Getränken, reichliche Mahlzeit, heisse Schlafstube. Es gibt endlich Constitutionen, die einen ungewöhnlich tiefen Schlaf haben, und Familien, in denen mehrere Glieder zu Schlaftrunkenheit disponirt sind.

Veranlassende Ursachen sind böse, schwere Träume, die den Schlafenden erwecken, oder plötzliches Erwecktwerden durch Dritte.

Ueber die Nichtzurechenbarkeit in solchem Zustande begangener Thaten kann kein Zweifel bestehen; Schwierigkeit bereitet nur die Ermittlung des Bewusstseinszustandes zur Zeit derselben. Es ist hier wichtig zu erforschen, ob beim Individuum oder seiner Familie schon ähnliche Zustände vorgekommen sind, wie sein Schlaf und Erwachen gewöhnlich waren, welche sonstige prädisponirende und occasionelle Momente zusammenwirkten, um den Schlaf zu einem besonders tiefen zu machen, welche äussere oder innere Ursachen für die Unterbrechung des Schlafes sich ergaben, ob die That wirklich in die Zeit des gewöhnlichen Schlafes fiel, wie lange dieser schon gedauert hatte, wie lange der angeblich schlaftrunkene Zustand dauerte, ob nicht zeitlich zwischen That und Erwachen Reden und Handlungen fielen, die auf wiedergekehrtes Selbstbewusstsein und Apperception schliessen lassen.

Es ist selbstverständlich, dass die That zeitlich unmittelbar in den Moment des Erwachens oder Erwecktwerdens fallen muss, dass sie keine prämeditirte sein, sondern nur den Charakter einer unbewussten, zufälligen an sich tragen kann.

Wichtig ist endlich die genaue Prüfung, welchen Zeitabschnitt und welche Punkte die Erinnerung umfasst. Bei wirklicher Schlaftrunkenheit kann die Erinnerung nur eine summarische sein und nur den subjektiven Inhalt des Traumbewusstseins, nicht aber den objektiven Sachverhalt in sich begreifen.

Daneben können auch die Vita anteacta, der Leumund, die fehlende Causa facinoris, das Benehmen nach der That verwerthet werden.

#### b) Der Zustand des Schlafwandelns.

Phänomenologisch besteht er darin, dass bei vollkommen aufgehobenem Selbstbewusstsein durch spontane Thätigkeit des Gehirns, gleichwie im Traume, Vorstellungen

und Sinnesbilder producirt werden, deren Uebergang in
motorische Akte aber nicht gehemmt ist, so dass den Traumvorstellungen adäquate und zweckentsprechende Handlungen
möglich sind, während gleichzeitig die Sinneswahrnehmung
aufgehoben oder auf die dem Inhalt des Traumbewusstseins
entsprechenden Objekte eingeschränkt ist. Dieser Handlungen ist sich das Ich nicht bewusst, sie sind rein automatische Akte. Die Erinnerung für die Traumerlebnisse und
natürlich für alle realen Begebnisse fehlt ganz im wachen
Zustand, oder wirkliche Begebenheiten vermeint der Schlafwandler nur geträumt zu haben. Meist ist die Erinnerung
an das in früheren Anfällen Geschehene auf die Zeit der
jeweiligen Anfälle beschränkt, ein eigenthümlicher Zustand
von Doppelleben und Doppelbewusstsein.

Die Literatur besitzt Fälle, wo in solchen Anfällen
criminelle Handlungen (Tödtung, Diebstahl, Schwängerung)
stattgefunden haben. Das Schlafwandeln ist eine Nervenkrankheit, wahrscheinlich nur Theilerscheinung anderer
Nervenkrankheiten (Epilepsie, Hysterie). Es findet sich
vorwiegend im jugendlichen Alter, namentlich zur Zeit der
Pubertätsentwicklung. Die Anfälle bestehen nicht selten
Jahre lang, kehren zuweilen täglich und zu bestimmten
Stunden wieder, werden immer von Schlaf eingeleitet; zuweilen gehen ihnen leichte Convulsionen oder kataleptische
Starre der Muskeln voraus. Der Anfall geht in einen Zustand von gewöhnlichem Schlafe wieder zurück oder wenn
er durch äussere oder innere Anregung unterbrochen wird,
geht er durch ein kürzeres oder längeres Stadium schlaf-
trunkenartiger Verworrenheit in den wachen Zustand über.
Die Traumvorstellungen können mehr oder weniger geordnet und einfache Reproduktionen gewohnter Vorstellungs-
gruppen des wachen Lebens sein, oder sie sind mangelhaft
associirt und verworren. Dem entsprechend ist der Nachtwandler zur Vornahme zweckmässiger Handlungen, zur
Fortsetzung und Besorgung gewohnter Geschäfte fähig oder
er dämmert planlos umher.

Die Constatirung der Krankheit hat in der Regel keine Schwierigkeiten, da sie eine chronische Neurose ist, anderweitige Zeichen einer solchen, Prädispositionen zu Nervenkrankheiten sich etwa finden und weitere Anfälle sich beobachten lassen. Dass eine criminelle That wirklich in einem solchen Anfalle begangen wurde, muss aus einer Reihe von Umständen erschlossen werden.

Wichtig kann es bei typischen Anfällen werden, ob die That in die gewöhnliche Zeit derselben fällt. Das Zustandekommen einer zweckmässig combinirten That schliesst das Schlafwandeln nicht aus. Bezüglich der That selbst und ihrer näheren Umstände können sich wichtige Anhaltspunkte ergeben, insofern z. B. zu ihrer Ausführung dem wachen Leben unmögliche (Weg über's Dach etc.) Mittel und Wege eingeschlagen wurden.

Auch hier kann schliesslich die genaue Ermittlung wie sich die Erinnerung verhält, werthvolle Anhaltspunkte ergeben.

Nie hat der Schlafwandler die Erinnerung für das, was in die Zeit seines Anfalles fiel, als Erlebtes, höchstens als Geträumtes, in der Regel fehlt alle Erinnerung, wie im tiefen Schlafe. Jedenfalls ist es unmöglich, dass er sich an ein Faktum erinnere, das in die Zeit seines Zustandes fällt, während er zeitlich vor oder nachher stattgefundener Begebenheiten sich gar nicht erinnert oder sie nur geträumt zu haben vorgibt. Im Anfalle selbst ist gegenüber möglicher Simulation zu beachten, dass die Sinneswahrnehmung aufgehoben ist, oder sich auf das, was mit den das Traumbewusstsein erfüllenden Vorstellungen zusammenhängt, beschränkt. Bemerkenswerth ist auch der starre, verschlafene Ausdruck des Gesichts und der stiere wie verglaste Blick.

## 2. Fieber- und Erschöpfungsdelirium.

Die Gehirnrinde, an welche die Funktion der geistigen
Vorgänge geknüpft ist, erweist sich als ein äusserst blut-
reiches und fein organisirtes Organ. Schwankungen des
Blutgehalts, Verunreinigung des Bluts mit fremdartigen
(giftigen) und dadurch reizenden Stoffen u. dgl. stören sofort den Ablauf der psychischen Processe, beeinflussen die
Stimmung, die Klarheit des Bewusstseins bis zur völligen
Bewusstlosigkeit und sind geeignet, Delirien und Sinnestäuschungen herbeizuführen.

Solche Störungen der Gehirnernährung treten besonders
leicht in fieberhaften Krankheiten ein und zwar auf der
Höhe derselben oder in der Periode der Entfieberung und
beginnenden Reconvalescenz. Es sind namentlich Krankheiten, die auf Blutvergiftung beruhen und mit hohem
Fieber (Scharlach, Blattern, Wechselfieber, Typhus, Py-
ämie), bei denen „Phantasiren" des Kranken bemerkt wird,
jedoch können auch Krankheitszustände mit mässigem Fieber,
wenn sie nervöse Constitutionen oder Säufer befallen, sich
mit Delirien compliciren.

Das Delirium auf der Höhe und im Beginn der Krankheit beruht auf Blutvergiftung und Fieberhitze, während
das der beginnenden Reconvalescenz aus ungenügender
Hirnernährung (Blutverarmung, Herzschwäche und dadurch
bedingte Blutarmuth des Gehirns) sich erklären dürfte.
Dies gilt namentlich für Krankheiten wie Cholera, Brust-
fellentzündung etc., die bedeutende Säfteverluste mit sich
bringen, sowie für Lungenentzündung, wo mit plötzlich auf-
hörendem Fieber die Triebkraft des Herzens ungenügend wird.

Forensisch bedeutsam sind diese Delirien, weil auf Grund
von Wahn, Sinnestäuschungen, Angst schwere Gewaltthaten
gegen die Umgebung möglich sind.

Ganz besonders wichtig ist die Thatsache, dass solche
delirante Zustände, ja selbst förmliche Tobanfälle zuweilen

im Verlauf eines Wechselfiebers an Stelle der gewöhnlichen
Fieberanfälle treten, so dass der Anschein eines selbständigen Anfalls von Geistesstörung hervorgerufen wird. Auch
im Kindbettfieber hat man Delirium als Ursache der Er-
mordung des Kinds beobachtet.

Der Untersuchungsrichter wird in Gegenden, wo
Wechselfieber endemisch ist, wo gerade eine Typhus-
epidemie besteht, wo eine Wöchnerin einer Gewaltthat
gegen ihr Kind angeschuldigt ist, wo einer solchen verdächtige Erscheinungen von Fieber vorausgegangen sind
oder das Individuum gerade eine schwere Krankheit durchgemacht hat, die Möglichkeit eines deliranten Zustands
zur Zeit der That zu berücksichtigen haben, um so mehr,
wenn die psychologischen Momente der That auffällig sind,
die Thatumstände auf ein mehr oder weniger bewusstloses
traumhaftes Handeln hinweisen und der Angeschuldigte
Erinnerungsdefekte bietet.

Die Zustände des Delirium sind rechtlich den Traum-
und Intoxicationszuständen, nach Umständen auch den
Geisteskrankheiten gleich zu stellen.

Erkrankt ein Gefangener fieberhaft und delirirt er,
so können etwaige compromittirende Aeusserungen, die der
bewusstlose Kranke in seinem Delir im Sinn einer Selbst-
anklage macht, niemals für den Indicienbeweis Verwerthung
finden, da die Delirien eines Kranken vielfach an die ihn
im gesunden Zustand beschäftigenden Erlebnisse anknüpfen
und kein Schuldbewusstsein involviren.

### 3. Die Mania transitoria.

Mit diesem Namen ist viel Missbrauch getrieben worden, insofern man die verschiedenartigsten transitorischen
Störungen des Geisteslebens, namentlich solche auf epileptischer Grundlage, damit bezeichnet hat. Es geht jedoch
nicht an wegen des Missbrauchs des Namens, was forensisch eine Angelegenheit untergeordneten Ranges und nur

klinisch von Belang ist, die Thatsache des Vorkommens
einer Mania transitoria zu läugnen oder gar wegen ihrer
„Gefährlichkeit" für das Forum zu ignoriren (Casper).
Die echte Mania transitoria lässt sich als eine 20 Minuten bis einige Stunden dauernde, plötzlich bei voller
geistiger Gesundheit eintretende und mit einem tiefen, meist
mehrstündigen Schlaf abschliessende transitorische Geistesstörung bezeichnen, in welcher schwere Bewusstseinsstörung,
Ideenflucht, Bewegungsdrang bis zu völliger Tobsucht, Delirien und Sinnestäuschungen vorwiegend schreckhaften Inhalts psychisch die hervorragendsten Symptome sind, während körperlich ein heftiger Congestionszustand zum Gehirn besteht.  Auf der Höhe des Anfalls können sogar
Convulsionen und Zähneknirschen als Symptome mächtiger
Hirnreizung auftreten.
   Das ganze Krankheitsbild macht den Eindruck einer
durch plötzliche und intensive aber rasch sich ausgleichende
Ueberfluthung des Gehirns mit Blut gesetzten Hirnerregung.
Dieser Annahme entspricht auch die nicht selten dem Anfall vorausgehende Congestion, das Auftreten der Mania
transitoria bei vollsaftigen, jugendlichen, zu Congestionen
geneigten Individuen, namentlich dann, wenn heftige Gemüthsbewegungen, Excesse im Trinken, Sonnenhitze, Aufenthalt in einer dunstigen heissen Stube einwirkten.  Bei
Frauen werden solche Anfälle fast ausschliesslich während
und nach der Entbindung, wo Schmerzen, Erschöpfung,
psychische Aufregung, Geburtsarbeit Congestionen zum
Gehirn hervorrufen, beobachtet.
   Zweifellose Fälle von Mania transitoria kommen nur
im wachen Zustand vor.  Im Schlaf auftretende sind mindestens einer epileptischen Begründung höchst verdächtig.
Bemerkenswerth ist der Umstand, dass in der Regel ein
solcher Anfall transitorischer Manie nur einmal im Leben,
als eine ganz isolirte Erscheinung vorkommt.
   Diese Krankheit kann den gesündesten Menschen befallen und zum Mörder machen.  Wenn sie auch glück-

licherweise höchst selten ist, so verdient sie forensisch alle
Beachtung. Eine Gefahr für die Sicherheit der Rechtspflege ergibt sich nicht aus ihrer Annahme, denn wenn sie
auch eine flüchtige Erscheinung ist, so ergeben sich doch
aus der Eigenthümlichkeit der geistigen Störung Indicien
und Thatumstände, an denen eine fälschlich vorgeschützte
derartige Krankheit (vergl. den instruktiven Fall von
Schwartzer „Die transitorische Tobsucht" p. 168) nothwendig scheitern muss.

Diese Kriterien sind:

1. Eine vollständige Aufhebung der Erinnerung für
alle subjektiven und objektiven Begebnisse während der
ganzen Dauer des Anfalls. Dieser bildet eine Lücke in
der Continuität des Geisteslebens und diese Lücke ist zeitlich scharf begränzt. Wer einen solchen bewusstlosen Zustand zur Zeit seiner That vorschützt, ist unsicher in der
zeitlichen Begränzung seines Erinnerungsdefekts und einem
bezüglichen Verhör nicht gewachsen. Er ist unsicher und
befangen in der Vernehmung, während der wirklich krank
Gewesene jene Unbefangenheit besitzt, die nur wirkliche
Unbewusstheit verleihen kann. Es kann geschehen, dass
der Thäter noch schlafend am Thatorte betroffen wird.

2. Das Handeln des bewusstlosen Kranken schliesst
jede Prämeditation, Rücksicht auf Zeit und Ort aus, das
Objekt ist ein ganz zufälliges, die Handlungsweise eine
geräuschvolle, zerstörende, wuthartige, anscheinend grau-
same. Die Vertheidigung des Angeschuldigten beschränkt
sich auf ein Nichtwissen der ihm zugeschriebenen That,
er hat weder versucht, die Spuren derselben zu tilgen,
noch den Verdacht auf einen Anderen zu lenken.

Die Aufgabe des Experten ist es, aus Dispositionen
und Gelegenheitsursachen den Krankheitszustand zu erklären. Eine Simulation ist bei dem streng gesetzmässigen
Ablauf und Zusammenhang der Symptome, sowie den deutlich in die Augen springenden körperlichen Zeichen einer
heftigen Hirncongestion aussichtslos.

## 4. Der melancholische Angstanfall (Raptus melancholicus).

Auf S. 125 wurde die Thatsache erwähnt, dass beim Melancholischen jederzeit Anfälle heftigster Angst bis zur Trübung des Selbstbewusstseins eintreten und explosive Gewaltakte herbeiführen können. Ganz dasselbe kann auch bei nicht melancholisch Erkrankten, im Gegentheil vor und nachher geistig Gesunden geschehen. Ein Raptus melancholicus als freistehende Krankheitserscheinung wird zuweilen bei Epileptikern, Hypochondern, Hysterischen, Säufern, bei durch Onanie, Blutverluste, den Gebärakt Geschwächten oder mit einer Erkrankung des Herzens (fettige Entartung) Behafteten beobachtet.

Die in der Herzgegend gefühlte Angst ist eine heftige, das Selbstbewusstsein geht verloren, der sinnlose Kranke wird getrieben, seiner ängstlichen Spannung in zerstörenden Bewegungsakten Luft zu machen, er verfällt in blindes Wüthen und Toben, dem im besten Fall die Einrichtung seines Zimmers zum Objekt dient, ebenso leicht aber das Leben der Umgebung zum Opfer wird. Der vom Angstanfall getroffene Kranke ist blass, sein Puls unterdrückt, sein Antlitz entsetzt, verfallen, sein Athmen beschleunigt bis keuchend.

Nach Minuten bis einer halben Stunde löst sich die ängstliche Spannung, der tobende Kranke wird erschöpft, ruhig, kommt wie aus einem schrecklichen Traume zu sich und fühlt sich erleichtert. Die Begebnisse des Anfalls stehen traumhaft, summarisch in seinem Bewusstsein da oder die Erinnerung fehlt selbst gänzlich.

Die Handlungsweise und die Thatumstände entsprechen annähernd den bei der Mania transitoria angedeuteten. Bemerkenswerth ist die Rücksichtslosigkeit und Wuth in der Ausführung von Gewaltthaten und die kritische lösende Wirkung dieser auf den Angstzustand, so dass der aus diesem zu sich kommende Thäter sich befriedigt und erleichtert gleich nach der That fühlt, selbst wenn diese eine ungeheuerliche gewesen ist. Die Simulation eines solch gewaltigen und unter so markanten körperlichen Symptomen ablaufenden Seelensturms dürfte Niemand gelingen. Die Vorschützung eines Anfalls begegnet denselben Schwierigkeiten wie bei der Mania transitoria. Der sachverständige Nachweis eines Raptus melancholicus findet in der ursächlichen Begründung und Zurückführung auf erfahrungsgemäss wichtige Nervenkrankheiten und körperliche Störungen überhaupt, in der Berücksichtigung der Thatumstände, die das Gepräge einer explosiven Gewaltthat bei tief gestörtem Bewusstsein an sich tragen, sowie in den Defekten der Erinnerung für den Zeitabschnitt des fraglichen Anfalls genügende Anhaltspunkte.

## 5. Die Intoxikationszustände.

Hieher gehören die Wirkungen, welche der Genuss von Spirituosen oder narkotischen (giftigen) Stoffen auf die geistigen Funktionen ausübt und damit die rechtliche Verantwortlichkeit in Frage stellt. Von der grössten Bedeutung in foro sind die Wirkungen des absoluten oder relativen Uebergenusses von Alkohol auf das Gehirn.

**a) Die Alkoholintoxikation. Gewöhnlicher Rausch und pathologische Alkoholzustände.**

Deutsch. St.G B. § 51. Oesterr. St.G.B. § 2. lit. c. § 236. 523 ff. Oest. St.G.Entw. § 57.

Der vollentwickelte Rausch ist, wissenschaftlich betrachtet, nichts Anderes, als ein künstlich erzeugtes Irresein und je nach Individualität des Trinkers, sowie nach Quantität und Qualität des spirituösen Getränks sind die Formen und Symptome dieses Alkoholirreseins verschieden.

Am häufigsten unter allen Alkoholzuständen sind es Fälle einfacher Berauschung, die zum Gegenstande foren-

sischer Beurtheilung werden, insofern sie zu Körperverletzungen, Todtschlag, Ehrenkränkungen, Majestätsbeleidigungen und andern criminellen Handlungen führen.

Gewöhnlich spielen sich die Fälle einfacher Berauschung unter dem Bild einer maniakalischen Exaltation ab.
Der Gedankenfluss wird rascher, die Stimmung gehoben,
Gedächtniss und damit Combination und Reproduktion gesteigert. Ein deutlicher Bewegungsdrang gibt sich in Singen,
Schreien, Lachen, Tanzen, allerlei muthwilligen und vielfach zwecklosen Handlungen kund. Im weitern Verlaufe
verlieren sich eine Reihe ästhetischer Vorstellungen, moralischer Urtheile, die hemmend und controlirend dem gesunden Ich sonst zu Gebote stehen. — Der Betrunkene
plaudert seine eignen und anderen Geheimnisse aus, — in
vino veritas — er setzt sich über Sitte und Anstand hin-
weg, er wird cynisch, brutal, unduldsam, rechthaberisch,
aggressiv.

Zuletzt kommt es zu einem Zustand psychischer
Schwäche (zu Abnahme des Gedächtnisses, zu Mattigkeit,
Schläfrigkeit, Verworrenheit), es treten Hallucinationen
und Illusionen auf, und ein Zustand blödsinnigen Stupors
schliesst die Scene ab.

Die frühere Strafgesetzgebung hat sich vergebens bemüht, sichere Anhaltspunkte für die Zurechnungsfähigkeit
des Berauschten zu gewinnen. Sie scheiterte in thesi und
praxi daran, dass die geistigen Zustände des Berauschten
äusserst mannigfache Grade darstellen und die Uebergänge
fliessende sind. Praktisch kommt dazu noch die Schwierigkeit festzustellen, in welchem Stadium eines Rausches genau
die strafbare Handlung begangen wurde. Die Beurtheilung des psychischen Zustands eines Berauschten kann nur
eine ganz concrete sein. Insofern im Rausch, selbst da,
wo es sich nur um Zustände der Weinwarmheit oder leichten Angetrunkenheit handelt, die ganze Summe ästhetischer, ethischer, rechtlicher Hemmungsvorstellungen in ihrer
Wirksamkeit beeinträchtigt erscheint, muss der Rausch, selbst

leichten Grades, als mildernder Umstand anerkannt werden.
Oesterreich lässt in diesem Zustand die Strafe der Uebertretung eintreten, da wo ausserhalb desselben die Handlung
als Verbrechen zugerechnet werden müsste. Ein psychologischer Nonsens ist die Lehre von Savigny,
wornach ein Verbrechen im Rausch als prämeditirt möglich
gedacht wird, denn war es prämeditirt, so kann nur ein
weinwarmer, nicht aber die Zurechnungsfähigkeit aufheben-
der Rausch bestanden haben, war aber ein solcher im vollen
Sinn des Wortes vorhanden, so machte er jegliche ununterbrochene Ausführung des etwa Prämeditirten, also den
Kausalzusammenhang zwischen Entschluss und That unmöglich, wenn auch nicht geläugnet werden kann, dass der
Rausch oft schon längst vorhandene Antriebe zu strafbaren
Handlungen entfesselt, die im nüchternen Zustand noch
beherrscht wurden [1]).

Die neuere Gesetzgebung thut wohl daran, dass sie
die Zurechnungsfrage des Berauschten ganz unberührt lässt,
so dass ein solcher Zustand nur dann die Zurechnungsfähigkeit aufzuheben geeignet ist, wenn er zur Bewusstlosigkeit
oder krankhaften Störung der Geistesthätigkeit geführt hat.

Es ergeben sich somit zwei Categorien von Alkohol-
reaktionszuständen, die eine, bei welcher das Bewusstsein
nicht geschwunden ist, die andere, bei welcher dies der Fall
ist. Das sicherste Kriterium zur Unterscheidung bietet
das Verhalten der Erinnerung.

Während bei Fällen einfacher Berauschung der Richter
auf Grund der Zeugenaussagen, der Berücksichtigung der
Quantität und Qualität des genossenen Getränks, der Thatumstände und allgemein psychologischen Kriterien den Fall
zu beurtheilen vermag, ist es anders bei dem zur Bewusstlosigkeit gediehenen Rausch.

---

[1]) Unhaltbar dürfte auch sein die im Oesterr. Strfgs. § 2 lit. c.
(„in einer ohne Absicht auf das Verbrechen zugezogenen vollen Berauschung") enthaltene Annahme der Zurechnung des Verbrechens,
zu dessen Begehung der Thäter sich vollberauscht hatte!

Hier spielen wohl immer constitutionelle oder überhaupt somatische, nicht rein psychologische Momente eine
Rolle, zu deren Würdigung nicht der Richter, sondern nur
der ärztliche Experte berufen und competent sein kann.
Die erwiesene Behauptung des Angeschuldigten, dass er
sich einer (im Rausch begangenen) strafbaren Handlung
nicht bewusst sei, sollte den Richter veranlassen, sich der
Beihülfe des Experten zu bedienen.

Die abnorme d. h. ungewöhnlich intensive und bis zur
Bewusstlosigkeit sich steigernde Wirkung des Alkohols
kann bedingt sein:

a) durch angeborene fehlerhafte Hirnorganisation, welche
das Gehirn widerstandsunfähig gegen die congestionirende
und toxische Wirkung der Spirituosen macht (Hirnaffektionen in den ersten Lebensjahren, meist mit Hemmung
der geistigen Entwicklung). Häufig ist diese mangelhafte
Toleranz für Alkohol eine erblich bedingte (Belastungs-,
Degenerationszeichen s. o. S. 103 psychische Entartungszustände);

b) die abnorm intensive Reactionsweise auf Alkohol
ist eine erworbene durch überstandene Hirnerkrankungen,
Kopfverletzungen, Schwächung des Gehirns in Folge von
fortgesetzten Alkoholexcessen, bestehende Hirn- und Nervenkrankheiten (Epilepsie);

c) die Reactionsweise auf Alkohol ist eine ungewöhnlich intensive, weil mit einem Excess im Trinken zufällige,
die congestionirende Wirkung des Alkohol steigernde Umstände (Gemüthsbewegungen, körperliche Anstrengung, geschlechtliche Aufregung, Sonnenhitze, Trinken bei nüch-
ternem Magen, Beimischung narkotischer Stoffe zum Ge-
tränk) zusammentrafen.

Am wichtigsten sind hiebei Affekte. Es ist nicht zu
übersehen, dass zwischen der Einwirkung von Alkohol
und Affekt ein längerer Zeitraum mässiger, durch den Alkohol erzeugter Hirncongestion liegen kann, in welchem
sich der Betreffende noch leidlich besonnen zeigte, bis

plötzlich durch das Plus eines einwirkenden Affekts ein
bewusstloser unfreier Zustand herbeigeführt wurde. Man
muss sich dann hüten, blos der Einwirkung des Affekts
zuzuschreiben, was gemischter Effekt jenes und des Alkohols war. Solche Fälle von combinirter Wirkung von
Rausch und Affekt sind in der Praxis äusserst häufig.

Es begreift sich, dass Menge des genossenen Getränks
und Wirkung vielfach in keinem Verhältniss zu einander
stehen, eben weil innere organische oder aussergewöhnliche
zufällige Bedingungen die Erregbarkeitsschwelle des Gehirns für alkoholische Getränke tiefer setzten. Dieses
Missverhältniss zwischen constatirter Menge des Getränks
und Wirkung muss nebst der Erinnerungslosigkeit für den
Richter einen weiteren Fingerzeig für die pathologische
Begründung des alkoholischen Ausnahmezustands abgeben.

Leider wird Angesichts solcher Zustände von den
Richtern und Geschworenen häufig Bewusstlosigkeit im
gewöhnlichen Sprachgebrauch, nicht im rechtlich psychologischen genommen, und die Bewusstlosigkeit des (sinnlos)
Betrunkenen nicht statuirt, weil der Betreffende noch mit
der Aussenwelt verkehrte, zusammenhängend sprach und
handelte, obwohl ein solches Verhalten (vgl. Traumzustände,
Mania transitoria) durchaus nicht die Möglichkeit ausschliesst, dass Jemand gleichzeitig des Selbstbewusstseins
beraubt war, resp. nicht wusste was er that. Die Entscheidung dürfte auch hier im Verhalten des Erinnerungs-
vermögens, als des besten Reagens für die Ermittlung des
Standes des Selbstbewusstseins liegen.

Wohl zu beachten ist eine eigenthümliche momentane
Aufhellung des Bewusstseins bei solchen Zuständen z. B.
nach einer Gewaltthat, im Moment der Verhaftung, des
Verlassens der heissen Atmosphäre der Trinkstube etc.,
die dann eine momentane richtige Beantwortung einiger
gestellter Fragen, ein zweckmässiges Gebahren ermöglicht,
an die sich aber der Inkulpat nachträglich nicht erinnert.
Solche Thatsachen werden dann leicht im Beweisverfahren

einseitig für die Anschauung verwerthet, dass der Betreffende nicht sinnlos betrunken, bewusstlos gewesen sei, obwohl doch der Mangel der Erinnerung dafür spricht. Es
erinnert dies an einen ähnlichen Zustand bei Epileptischen,
die nach einem Anfall anscheinend wieder bei sich sind,
vernünftig sprechen und handeln, und hinterher gar nicht
wissen, was sie in diesem scheinbar wieder besonnenen
Zustand gethan haben.

Mit der Geltendmachung des „bewusstlosen" Rauschs
ist die Reihe der Zustände von pathologischer Alkoholreaktion jedoch keineswegs erledigt. Es gibt solche, ebenfalls auf Grund innerer organischer Ursachen oder zu-
fälliger die Alkoholwirkung unterstützender Momente, bei
welchen das Symptomenbild durchaus nicht mehr dem eines
gewöhnlichen oder bewusstlosen Rauschs entspricht, sondern
vielmehr in Wesen und Verlauf sich als ein Ausbruch
transitorischer Geistesstörung darstellt. Da bei der Entstehung dieser der Alkoholgenuss nur eine Mitursache bil-
dete, braucht die Quantität des genossenen Getränks keine
besonders grosse gewesen zu sein und kann die Geistesstörung ohne vorausgehende Zeichen einer Berauschung
eingetreten sein.

Als praktisch wichtige Formen solcher transitorischen
Geistesstörung ergeben sich:

a) Anfälle gewöhnlicher Mania transitoria;

b) Zustände von angstvollem hallucinatorischem Delirium, die bis zu mehreren Tagen dauern können. Sie
scheinen nur bei dem Trunk habituell Ergebenen vorzu-
kommen;

c) Zustände von epileptischem hallucinatorischem Delirium. Der (relative) Alkoholexcess kann dabei von einem
gewöhnlichen Epileptischen begangen und Anlass eines
neuerlichen epileptischen Anfalls mit folgendem Delirium
sein oder die Epilepsie ist erst auf dem Boden der Trunksucht entstanden.

Die schwersten Gewaltthaten kommen bei dieser Com-

bination von Trunksucht und Epilepsie zu Stande mit für
diese beiden Entartungszustände nahezu bezeichnendem
brutalem Zerstörungsdrang.

Für alle diese transitorischen Geistesstörungen unter
dem Einfluss des Alkohols ist eine tiefe Störung des Bewusstseins und ein völliger Erinnerungsdefekt Regel.
Der Richter möge aus allen diesen Erfahrungsthat-
sachen ermessen, wie wenig die Zustände der Alkoholintoxikation einer generalisirenden Beurtheilung zugänglich
sind, wie fliessend die Uebergänge von der blossen Weinwarmheit bis zur tiefsten Störung des Selbstbewusstseins,
wie häufig und mannigfach bestimmend hier constitutionelle
und somatische Bedingungen eingreifen und wie sehr es
nöthig ist, dass er, wenigstens überall da, wo sich Erinnerungsdefekte ergeben, den ärztlichen Sachverständigen zu
Rathe ziehe.

### b) Vergiftungszustände des Gehirns. Narkotismus.

Es gibt zahlreiche ätherische (Oele, besonders Absynth,
Schwefeläther, Chloroform) Stoffe, narkotische Substanzen
(giftige Schwämme, Opium, Tollkirsche, Stechapfel, Bilsen-
kraut u. s. w.) und metallische Verbindungen (Blei), die,
in grösserer Dosis dem Organismus zugeführt, so lange sie
im Blut kreisen, die auf sie äusserst empfindlich reagirende
Hirnrinde in Erregung versetzen, Delirien und Hallucinationen, Angst- und Wuthanfälle hervorrufen und dadurch
Anlass zu strafbaren Handlungen geben können.

Solche Zustände von Vergiftungsdelir dauern Stunden
bis Tage und gehen mit einer tiefen Störung des Bewusstseins einher.

Bei dem grossen Missbrauch, der heutzutage mit
Morphium getrieben wird, muss der Thatsache gedacht
werden, dass auch die plötzliche Entziehung dieses Genussmittels bei daran Gewöhnten, ähnlich wie beim Säufer die
Entbehrung des Alkohol, den Ausbruch eines Delirium-
tremens-artigen Zustands hervorrufen kann.

Hie und da scheint das Chloroform eigenthümliche
Wirkungen, und zwar auf die Geschlechtssphäre auszu-
üben, indem es die Empfindungen des Beischlafs erzeugt.
So sind Fälle in der Literatur bekannt, wo Frauen den
chloroformirenden Arzt anklagten, ihren bewusstlosen Zustand während der Narkose missbraucht zu haben, obwohl
die Untersuchung ergab, dass diese Beschuldigungen sich
rein auf Hallucinationen gründeten.

## 6. Die Affektzustände.

### Physiologischer und pathologischer Affekt.

Deutsch. St.G.B. §§ 212. 213. Oesterr. St.G. § 2 lit. g. § 46 lit. d.
§ 264 lit. e. Oesterr. Entw. § 60. Schl. § 220.

Eine mächtig und plötzlich die Interessen der Persönlichkeit beeinflussende Vorstellung kann das ruhige Gleich-
gewicht der psychischen Funktionen erschüttern und damit
den inneren Kern der Persönlichkeit mächtig afficiren. Indem die afficirende Vorstellung lebhafte Gefühle hervorruft und den Ablauf des Vorstellens bis zur völligen Verwirrung stört, vermag der Affektvorgang die Besonnenheit
und Ruhe der Ueberlegung unmöglich zu machen und
stellt damit die Bedingungen der Zurechnungsfähigkeit in
Frage. Obwohl dieser Zustand des Affekts an und für sich
ein rein physiologischer ist, sieht sich der Gesetzgeber doch
veranlasst, die in der Hitze des Affektes beschlossenen
und ausgeführten Handlungen viel milder zu beurtheilen
und mit geringerer Strafe zu bedrohen als die überlegten,
so zu sagen mit kaltem Blut begangenen. Er unterscheidet
die im Affekt begangenen Verbrechen gegen das Leben
als der Ueberlegung ermangelnde Handlungen (Todtschlag)
von dem kaltblütig überlegten und ausgeführten Mord und
gewährt im Allgemeinen den im Affekt verübten strafbaren
Handlungen die Wohlthat mildernder Umstände.

Wie bei den Rauschzuständen sind auch beim Affektvorgang fliessende Intensitäts- und Qualitätsunterschiede zu

bemerken von einer leichten Erregung des Gemüths bis zum wildesten Affektsturm, in welchem das Selbst- und Weltbewusstsein momentan untergeht.

Ausschlaggebend für die Mächtigkeit des Affekts sind verschiedene Umstände. Zunächst die Art des Affekts. Heitere Affekte erheben sich nicht leicht beim Erwachsenen zu bedeutender Höhe und finden eine rasche Ausgleichung. Affekte der Angst, des Entsetzens führen schon leichter zu einer Trübung des Selbstbewusstseins (Sinnesverwirrung) und zu kopflosen, selbst gefährlichen Handlungen. Am mächtigsten wirkt auf das psychische Leben der Affekt des Zorns und Casper hat nicht Unrecht, wenn er gewisse Höhezustände des zornigen Affekts dem Wahnsinn vergleicht („ira furor brevis") und als „Wahnsinn der Zorntrunkenheit" bezeichnet.

Neben der Art des Affekts sind wichtig und ausschlaggebend die Individualität des Afficirten, Eigenthümlichkeiten des Temperaments, des Charakters. Sie sind meist originäre, vielfach ererbte, aber auch zufällige Momente können die psychische Afficirbarkeit beeinflussen. Als psychologische Momente ergeben sich vorausgehende gemüthlich irritirende (Kummer, Sorgen, Eifersucht und andere Leidenschaften) als somatische, schwächende Einflüsse auf das Gehirnleben (schwere, die Ernährung herabsetzende Krankheiten, Nahrungsmangel oft in Verbindung mit Alkoholübergenuss, Blutverluste, Wochenbett, der Vorgang der Menstruation).

Nicht minder wichtig für die Heftigkeit des Affekts ist die Unerwartetheit sowie die Mächtigkeit der das Gemüthsleben afficirenden Vorstellungsgruppe.

Ganz besonders mächtig wirken Affekte, deren afficirender Anlass eine Lebensbedrohung (Ueberschreitung der Gränzen der Vertheidigung im Stand der Nothwehr), eine tiefe Verletzung sittlicher (Ehre) oder sexueller Gefühle (unglückliche Liebe, Eifersucht) oder vitaler Interessen (Verzweiflung über erfolglosen Kampf ums Dasein, Noth der liebsten Angehörigen) bildet. Namentlich mächtig ist der Affekt in oder bald nach der Geburt, da wo diese eine uneheliche oder ausserehelich ist, und die mächtig das Gemüth ergreifenden Vorstellungen der Schande durch verlorene Geschlechtsehre u. s. w. (vergl. S. 43) mit der Mutterpflicht in Conflikt gerathen und nicht selten ihre tragische Lösung in dem Mord des Kindes finden. Mit Recht stellt die humane Strafgesetzgebung der Neuzeit diese Art des Mords als ein besonderes Verbrechen hin und bestraft es mild.

Neben der Intensität eines Affekts ist criminalpsychologisch seine Dauer zu berücksichtigen. Es ist Regel, dass der Affekt rasch seine Ausgleichung in einer Sekretion (Weinen) oder in einer erleichternden That findet, aber es gibt Individualitäten, bei welchen zwischen afficirendem Ereigniss und That ein längerer Zwischenraum treten kann, insofern der Affekt noch eine Zeitlang beherrscht wird, bis durch ein neues, vielleicht ganz geringfügiges psychisches Moment oder durch einen Versuch, den Aerger wegzutrinken u. s. w., der glimmende Funke zur lodernden Flamme angefacht wird und der letzte Rest von Selbstbeherrschung verloren geht. Der psychische Zustand in dieser Zwischenzeit erfordert dann eine genaue Untersuchung. Die Annahme, dass eine Handlung unmittelbar dem afficirenden Vorgang folgen müsse, um als Affekthandlung anerkannt zu werden, sowie, dass ein Affektzustand die Ueberlegung ausschliesse, ist psychologisch unhaltbar.

Fälle, in welchen ein Affekt eine ungewöhnlich langsame Ausgleichung findet, müssen den Verdacht einer pathologischen Begründung erwecken, um so mehr, wenn der Affekt besonders intensiv war und auf seiner Höhe „Bewusstlosigkeit" eintrat.

Mit diesen Kriterien ist die physiologische Gränze des Affekts überschritten, der Affekt wird ein pathologischer. Er wird es durch organische Bedingungen und entzieht sich damit der Domäne und Beurtheilung des Richters. Um

ein Verständniss für die Entstehung solcher pathologischer
Affektzustände zu gewinnen, ist es nöthig, die schon in
dem gewöhnlichen Affektvorgang zu Tage tretenden körperlichen Erscheinungen zu betrachten.

Der Anlass des Affekts ist eine psychische Erschüt-
terung. Die Folge dieser ist eine Veränderung der Gleich-
gewichtslage der Vorstellungen, wobei mächtige Impulse
zur Abwehr oder Ausgleichung hervorgerufen werden und
die Widerstandskraft sittlicher und rechtlicher, sonst zu
Gebot stehender Vorstellungen, geschwächt ist.

Neben dem psychischen Vorgang besteht aber ein
körperlicher — die Einwirkung der afficirenden Vorstellungsgruppe auf die Circulation. Die Todtenblässe des
Erschreckten, die Schamröthe des Verlegenen, die Zornes-
röthe des Beleidigten sind sichtbare Zeichen wie mächtig
der Affektvorgang auch in die körperlichen Funktionen
eingreift. Die Circulation im Körper steht unter dem
regulatorischen Einfluss von Nerven (Gefässnerven). Auf
diese wirkt die afficirende Vorstellung und setzt, je nach
Art des Affekts, Blutarmuth (Gefässkrampf) oder Blutüber-
füllung (Gefässlähmung) im Gehirn. Ueberschreitet diese
Wirkung ein gewisses mittleres Mass, so wird der Affektvorgang ein abnorm intensiver und, indem die Circulationsstörung sich nur allmälig wieder ausgleicht, ein abnorm
langer. Der Affektvorgang bewirkt durch die begleitende
Circulationsstörung eine tiefere, weil organische Hirnerregung, welche den Affekt abnorm intensiv und dauernd
macht und eine Hirnaffektion darstellt, die nicht mehr nach
dem Schema eines Affekts abläuft, weil, gleichwie bei gewissen pathologischen Alkoholzuständen der Alkohol, hier
der Affekt nur den Anstoss zu einer selbständigen Hirn-
störung abgibt. Das Krankheitsbild entspricht in solchen
Fällen dem einer transitorischen Manie, eines acuten Deliriums oder einer stuporartigen Hemmung der Geistesfunktionen.

Hier handelt es sich dann nicht mehr um physiologische, sondern um pathologische, weil delirante psychische Zustände (Sinnenverwirrung, „Wahnsinn der Zorntrunken- heit"), die eine klinisch-ärztliche Beurtheilung nöthig machen.

Diese pathologischen Affekte sind um so leichter mög- lich, je mehr durch organische constitutionelle Vorgänge die regulatorischen Gefässnerven des Gehirns dem Affekt- vorgang gegenüber abnorm widerstandsunfähig sind oder mit dem Affekt gleichzeitig die Circulation des Gehirns beeinflussende Umstände (hohe äussere Temperatur, Alko- holgenuss, körperliche Erregung, z. B. durch Tanz) zur Geltung gelangen.

Die organischen Bedingungen dieser pathologischen Affektzustände sind folgende:

1) Es gibt Menschen, bei denen von frühester Jugend an eine solche Gemüthsreizbarkeit und Leidenschaftlichkeit sich kundgibt, deren Affekte so wenig motivirt eintreten, so heftig und ungewöhnlich verlaufen, dass man sich des Eindrucks einer organischen Begründung dieser Gemüths- anomalie nicht erwehren kann. Diese Vermuthung ge- winnt um so mehr Raum, wenn man sieht, wie vergeblich Erziehung und Cultur diesen vermeintlichen Charakterfehler zu tilgen bemüht sind, wie häufig gegen alles bessere Wollen und Wissen solcher Menschen ihr Ich im Affekt unterliegt und die Forderungen des Sitten- und Strafgesetzes, ihre Affekte zu beherrschen, ihnen unerfüllbar sind.

Die Erfahrung lehrt nun, dass solche Individuen viel- fach zum Irresein disponirt sind, in der Ascendenz oder sonstigen Blutsverwandtschaft geistesgestörte Verwandte haben, durch allerlei Charakteranomalien, Bizarrerien und Excentricitäten ihre psychopathische Abkunft verrathen, ja wohl vorübergehend sogar in wirkliche Seelenstörung verfallen.

2) Aehnliche Zustände krankhafter Gemüthsreizbarkeit wie hier auf Grund erblicher psychopathischer Anlage, ent- wickeln sich in Folge oder im Verlaufe der verschiedensten Hirnkrankheiten. So hat man sie nach Kopfverletzungen,

nach Schlagfluss und Hirnentzündung, nach Typhus, nach
Geisteskrankheiten entstehen sehen. Eine solche pathologische Gemüthsreizbarkeit findet sich ferner bei ange-
borenem und erworbenem Schwachsinn, bei Taubstummen,
bei den affektartigen Anfangsstadien, in den Remissionen
des Irreseins, im Verlaufe gewisser allgemeiner Neurosen,
namentlich der Epilepsie, sowie auch des Veitstanzes, der
Hysterie und Hypochondrie.

3) Aber auch verschiedene psychische und physische
schwächende Einflüsse auf das Nervensystem, andauernde
Affekte und Leidenschaften, Alkohol- und sexuelle Excesse,
chronische Krankheiten, die Schlaf, Ernährung und Blut-
mischung tief stören, können solche die physiologische
Gränze übersteigende Affekte herbeiführen, denn immer ist
die jeweilige Reizbarkeit nur ein Produkt aller aufs Nervensystem eingewirkt habenden Reize.

4) Vielfach wirken mehrere der angeführten Bedingungen zusammen, um den Affekt zu einem pathologischen
zu machen, z. B. Affekt und Epilepsie, psychopathische Anlage und Berauschung. Ganz besonders überwältigend ist
die Wirkung eines Affekts bei Schwachsinnigen, da hier
zur accessorischen Störung eine tiefe präexistirende des
psychischen Mechanismus kommt.

Man hat in früherer Zeit geglaubt, eine eigene Form
psychischer Krankheit (Excandescentia furibunda) aus solchen Zuständen pathologischer Gemüthsreizbarkeit machen
zu müssen, obwohl sie nur eigenthümliche Reaktionsweisen
abnormer psychischer Anlagen oder Zustände sind.

Bei der Beurtheilung der zahlreichen, aus solchen
pathologischen Affekten erfolgenden Rechtsverletzungen
(Tödtung, Körperverletzung etc.) ist eine eingehende
Würdigung der angegebenen anthropologischen und klinischen Momente dringend nothwendig. Sie wird den psychischen Stammbaum, die somatische und psychische Con-
stitution, den habituellen psychischen Tonus (Tempera-
ment), etwaige Aenderungen der gemütblichen Erregbar-

keit durch Hirnkrankheiten und Nervenaffektionen, namentlich etwa latente oder früher bestandene Psychosen, vorzugsweise zu berücksichtigen haben. Indicien für das
Gegebensein einer pathologischen Affektstufe müssen dem
Untersuchungsrichter vor Allem die Angabe des Inkul-
paten sein, dass er sich der Handlung nicht oder nur
lückenhaft erinnern könne; auch die Planlosigkeit, über
alles vernünftige Mass hinausgehende Rücksichtslosigkeit
und Grausamkeit des Thäters lassen nach Umständen
auf eine vorhanden gewesene Störung seines Bewusstseins
schliessen.

Die criminellen Handlungen im physiologischen Affekt
unterstehen der Domäne des Richters und fallen unter
die Milderungsgründe des Gesetzbuchs; für die im pathologischen Affekt verübten wird die Zurechnungsfähigkeit
fraglich, selbst aufgehoben erkannt werden müssen, wo die
Besinnung temporär geschwunden war und die Erinnerung
lückenhaft oder mangelhaft sich zeigte. Solche Zustände
fallen damit nothwendig unter den gesetzlichen Begriff
der Bewusstlosigkeit. —